# 종묘로 떠나는 힐링여행

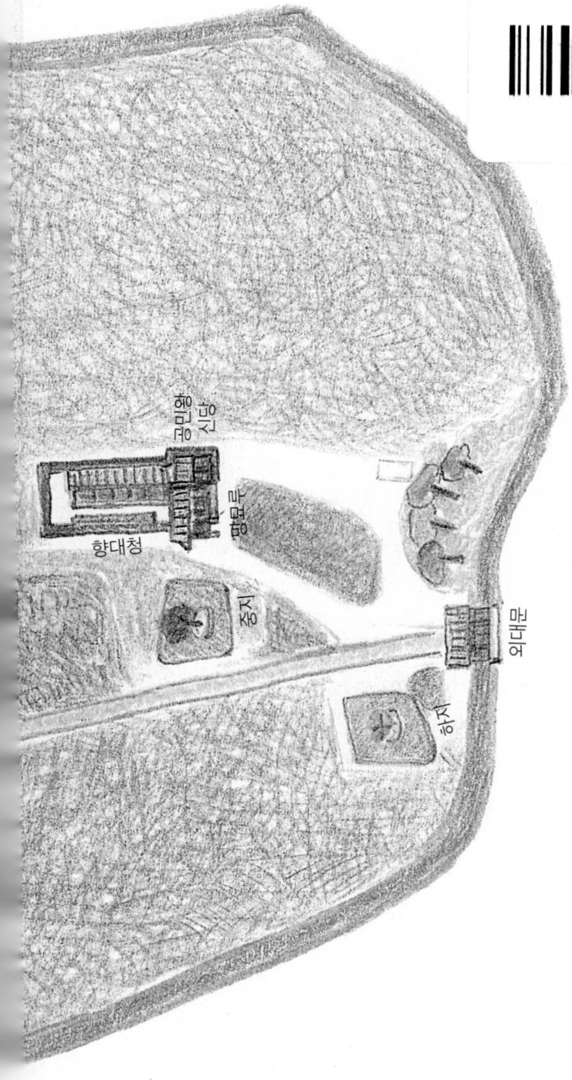

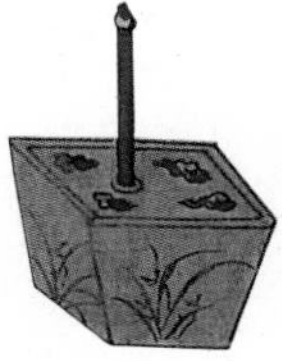

종묘로 떠나는 힐링여행

글 · 그림 이향우
사 진 황은열, 이향우, 허경희

초판 1쇄 발행 2016년 11월 5일

펴 낸 곳 인문산책
펴 낸 이 허경희

주 소 경기도 파주시 회동길 445-4, 401호(문발동)
전화번호 031-955-9907
팩스번호 031-955-9908
전자우편 inmunwalk@naver.com
출판등록 2009년 9월 1일



ISBN 978-89-98259-22-8 03910



값은 뒤표지에 있습니다.

이 도서의 국립중앙도서관 출판예정도서목록(CIP)은 서지정보유통지원시스템
홈페이지(http://seoji.nl.go.kr)와 국가자료공동목록시스템(http://www.nl.go.kr/kolisnet)에서
이용하실 수 있습니다.(CIP제어번호: CIP2016025266)

인문여행시리즈 11

# 종묘로 떠나는 힐링여행

글 · 그림 이향우 | 사진 황은열

인문산책

## 일러두기

1. 종묘제례와 관련하여 '중요무형문화재 제56호 종묘제례 이수자' 김동순님의 도움의 말씀을 참조하였다.
2. 종묘 사진 촬영은 종묘관리소의 협조로 이루어졌다.
3. 옛날 자료들은 국립고궁박물관, 서울대학교 규장각 한국학연구원, 한국학연구원 장서각의 허가를 받았으며, 그 출처를 이미지 하단에 표기해두었다.
4. 종묘제례 봉행 사진 중 일부는 전주이씨대동종약원의 허가를 받았으며, 그 출처를 이미지 하단에 표기해두었다.
5. 참고문헌은 본문 뒤에 밝혀두었다.

# '영원한 안녕'을 꿈꾸는 종묘

종묘(宗廟)는 전통시대에 국가를 상징하는 존재로서 '궁궐로 떠나는 힐링 여행'의 마지막 여정을 기록하기에 부족함이 없는 공간이라고 생각합니다. 태조 임금이 조선을 건국한 후 새로운 수도 한양을 건설할 때에도 국왕의 생활 공간인 궁궐보다 종묘와 사직이 먼저 만들어졌습니다. '종묘와 사직'이라는 말은 곧 '국가'를 의미하는 대명사로 사용되었기에 지금도 많은 역사드라마에서 "전하, 종묘와 사직을 보존하시옵소서"라는 대사를 자주 들을 수 있을 정도로 우리 귀에 익숙하지만, 정작 종묘가 어떤 곳인지를 알고자 찾는 이는 그리 많지 않습니다.

종묘는 조선왕조의 왕과 왕후, 대한제국의 황제와 황후의 신주(神主)를 모시고 제례를 봉행하는 최고의 존엄한 사당으로, 현재도 83위(位)의 신주를 모시고 제례를 연면히 이어가고 있으며, 그 중심 건물은 정전과 영녕전입니다.

정전(正殿)은 종묘의 가장 중심으로서, 그 길이가 105미터에 이르는 세계적인 건축물입니다. 절제된 단순함 속에 품위와 장중함을 지닌 고전 건축물의 극미(極美)로서 그 독특한 건축적 가치와 문화적 가치를 세계적으로 한껏 인정받는 인류의 자랑스러운 문화유산입니다.

세종 3년에 세워진 영녕전(永寧殿)은 당시 상왕(上王)인 태종 임금에 의해 이름 지어진 건물로, 영녕(永寧)은 조종과 자손이 '영원히 안녕(安寧)하라!'는 의미를 담고 있다고 합니다. 이는 종묘에서 행해지는 종묘제례의 최종 목적과 종묘를 세운 이유를 밝게 드러낸 것으로, 종묘의 또 다른 이름이라 해도 지나치지 않을 것입니다.

이러한 종묘가 1995년 유네스코에 의해 해인사 장경판전, 석굴암과 함께 우리나라 최초의 유네스코 세계문화유산으로 등재된 것은 당연한 일이라 하겠습니다. 뿐만 아니라 종묘제례(宗廟祭禮)와 종묘제례악이 2001년 5월에 유네스코 인류무형유산으로 선정 등재된 것은, 수많은 분들의 종묘에 대한 애정과 정성이 맺은 위대한 열매라 하겠습니다.

저자 이향우 선생님은 지난 십수 년을 고궁과 종묘에서 자원봉사활동을 하시며 우리 문화에 대한 애정을 몸소 실천하신 대표적인 분이십니다. 이향우 선생님의 이 책 속에는 어떤 숙연함이 있습니다. 그것은 마치 종묘에서 봉행되는 종묘대제(宗廟大祭)를 지켜볼 때 그 엄숙함과 정성에 언제나 마음이 숙연해지는 경험과 같은 느낌입니다. 우리 문화재에 대한 오랜 애정, 집필을 위해 오랜 기간 자문을 구하고 자료를 수집하고 스케치를 하는 선생님의 모습을 보면서 이러한 분들이 계셨기에 오늘날 종묘의 위상이 이렇게까지 높아질 수 있지 않았나 생각합니다. 집필에 조금이나마 도움이 될 수 있어서 참으로 기쁩니다. 많은 분들께 큰 위로와 힐링이 되는 소중한 책이 되기를 기원합니다.

2016년 10월

솔바람이 우우~ 부는 종묘 동강(東岡)에서

종묘관리소장 조인제

# 신들의 향연이 펼쳐지는 종묘

종묘는 조선시대에 조상신께 제례를 올리고 나라의 안위를 부탁했던 조선왕조의 국가 사당입니다. 유교사회였던 조선시대에 조상에 대한 효는 곧 국가의 사상적 이념을 대표했던 근간이 되었습니다. 종묘는 바로 이 효를 실천하고 백성에게 본을 보였던 국가 사당입니다.

지금 서울의 종로 3가와 4가 사이에 있는 종묘는 태조가 조선을 세우고 한양으로 천도를 단행한 뒤 세워졌습니다. 많은 사람들이 조선시대에 세워진 궁궐 한두 개쯤은 알고 있습니다. 조선시대 궁궐 중 최초로 세워진 경복궁이 있고, 비원인지 후원인지 헷갈리지만 창덕궁이 있다는 것도 알겠지요. 그러나 조선이 개국하면서 한양 천도를 한 뒤에는 궁궐보다도 종묘를 먼저 지었다는 사실에 대해서는 정작 모르는 사람들이 더 많습니다. 종묘를 조성하고 있는 공간이나 건축이 궁궐보다 크거나 화려하지 않기 때문에 종묘가 갖는 중요한 의미가 잘 이해되지 않을 수도 있습니다. 종묘에는 화려한 단청을 올린 건물도 없고, 또 그 건물의 구조도 복잡하지 않습니다. 네, 그래서 '심플하다'라는 말로 종묘의 분위기를 반쯤은 이해할 수 있을 듯합니다. 종묘의 분위기는 단순합니다. 그런데 그냥 단순이라고 표현하기에는 뭔가 허전한 느낌은 무엇일까요? 종묘는 보이는 실상보다는 그 존재의 의미에서 우리를 압도

하는 정신적인 사상이 있다는 생각을 어렴풋이 했습니다.

제가 처음 종묘를 보았을 때의 느낌은 한 마디로 신선한 충격 그 자체였습니다. '종묘는 조선왕조의 국가사당이며, 그곳 건물에는 조선 역대 왕들의 신주를 봉안한 곳이다.' 그렇게 알고 있었습니다. 그리고 대문을 들어서자 제 눈앞에 펼쳐지는 삼도의 멀고 먼 느낌, 계속 주변을 에워싸고 따라오는 나무숲, 군데군데 보이는 집 몇 채. '참 조용한 곳이구나.' 이 정도가 제가 첫 번째 받은 인상이었지요. 그리고 긴 숲을 지나 드디어 정전 남문으로 들어서자 제 앞에 나타난 월대 위의 기다란 정전을 보고서야 할 말을 잃고 말았습니다. 제 생각마저도 조용하게 만드는 엄숙함이었을까요? 그렇게 말로는 표현하기 힘든 장엄함이 오래전 보았던 종묘의 강렬한 인상이었습니다. 그리고 몇 년 전 종묘제례악을 듣고 난 후 음악이라는 형식에는 전혀 문외한인 제가 숨을 쉬는 것조차 경건해졌던 기억입니다. 제가 많은 지식을 가지고 종묘에 갔더라면 감동이 더 컸을까 하는 의문을 가져본 적도 있었지만, 제 스스로 내린 결론은 '그렇지 않았을 것이다'입니다.

이제 제가 종묘에서 느꼈던 그 신선하고 강렬했던 인상을 여러분과 함께 나누려 합니다. 실은 그동안 조선왕조의 궁궐이야기를 쓸 때와는 전혀 다른 어려움이 저를 오랫동안 망설이게 했습니다. 종묘를 말이나 글로 설명한다는 것이 어떤 형식으로든 그렇게 적절치 않다는 생각을 했기 때문입니다. 궁궐은 사람들이 살아온 이야기가 있는 곳입니다. 저는 사람 만나는 일을 즐거워하고, 그 습성으로 궁궐에서 몇 백 년 지난 사람들과 궁궐의 이곳저곳을 은밀히 거니는 일이 저에겐 즐거움입니다. 그런데 종묘는 그런 분위기를 기대하기에는 너무도 엄숙하고 저를 좀 더 말이 없는 과묵함으로 가두는 무게가 있었습니다.

저는 종묘에 아주 빈번하게는 아니지만 그럭저럭 자주 가는 편입니다. 무언가 딱히 생각이 있거나 목적을 가지고 가는 게 아니라 그냥 갑니다. 그리고 종묘의 분위기가 주는 그 말없는 숙연함을 묵묵히 즐기고 옵니다. 이제 여러분께도 종묘 건축이 주는 검박하면서도 엄숙한 무게와 종묘를 에워싼 우거진 숲이 주는 공기를 온몸으로 깊숙이 느껴보시기를 권합니다. 자, 여러분을 신들의 향연이 펼쳐지는 종묘로 초대합니다.

마지막으로 이 글을 마무리하기까지 각종 자료 수집에 도움을 주신 문화재청 종묘관리소에 감사드립니다. 그리고 항상 제게 힘을 실어주신 우리궁궐지킴이 동료들과 관련 학계 여러분들께서 많은 도움을 주셨습니다. 특히 종묘제례 부분에 많은 조언을 해주신 김동순 선생께 감사드립니다. 그리고 우리의 첫 궁궐나들이 경복궁을 펼치면서부터 창덕궁, 창경궁, 덕수궁 이야기를 엮어내고 지금 또 어려운 작업을 함께 해주신 인문산책 허경희 대표께 깊은 감사를 드립니다.

2016년 10월
양평 화양리에서
이향우

# 차례

# 1 외대문으로 들어가다

복원 과정을 마치고 모습을 드러낸 종묘 광장의 전경입니다.

# 종묘 광장에 서서

종묘(宗廟)는 현재 서울시 종로 3가와 4가 사이에 위치해 있습니다. 2016년 3월 종묘 앞 광장이 새롭게 조성되어 종묘 외대문으로 들어가는 진입로를 확보하고 있습니다. 원래 종묘 광장이 없던 것은 아닌데, 그동안 국가 사당으로서의 위엄을 갖춘 종묘의 모습은 찾아볼 길이 없을 정도로 종묘 앞의 상황은 매우 심각했었습니다. 이에 종묘 앞 공원을 재정비해야 한다는 여론이 조성되었고, 공원 바깥으로 울타리가 쳐진 지 몇 년

광장에 모습을 드러낸 종묘전교

외대문 너머로 응봉과 보현봉이 걸쳐 있다.

이 걸렸습니다. 높게 쳐진 펜스 안의 발굴 조사에 이어 복원 과정이 참 더디다는 생각을 해왔는데, 이제 비로소 종묘 외대문(外大門) 앞 광장의 정비가 마무리된 것입니다.

이제야 멀리 외대문 지붕 위로 야트막한 응봉(鷹峰)과 그 뒤로 솟아 있는 보현봉(普賢峰)이 사뿐히 걸쳐지는 풍경을 보게 되는군요. 종묘 광장에서 종묘 외대문을 바라보는 신선한 시각은 참으로 오래 기다려온 일이었습니다.

## 종묘전교를 건너다

종묘 어귀에 돌다리가 하나 놓였습니다. 종묘로 들어가는 입구에 동서로 흐르는 회동 ✿ 제생동천(濟生洞川)에 세워진 종묘전교(宗廟前橋: 종묘 앞 다리)입니다. 이 다리는 일제강점기에 하수도 개수사업으로 땅에 묻혔다가 이번에 복원한 것입니다.

외대문 앞으로 흐르는 물길

조선시대 종묘의 앞길에는 폭 4.5미터의 실개천이 흘렀습니다. 원래 이 실개천의 물길은 지금의 서울 종로구 가회동에서 시작해 종로 2가 쪽에서 바로 청계천으로 이어졌는데, 세종 4년에 홍수로 인한 민가의 피해를 막기 위해 종묘 앞쪽으로 물길을 돌린 것입니다. 종묘 앞으로 흐르던 물길은 동쪽의 창경궁 옥류천에서 흘러나온 물길과

✿ **제생동천** : 회동천으로 합류하던 하천으로, 《춘천사실》에는 제생동지수(濟生洞之水)로, 《한경지략》에는 계생동제천수(桂生洞諸川水)로, 《동국여지비고》에는 제생동천(濟生洞川)으로 되어 있다. 계생동천(桂生洞川)이라고도 불렸다.

종묘전교 화표주의 해태상

만나 청계천으로 합수되어 흐르게 했습니다. 이 새 물길이 종로와 종묘 정문 사이에 있었기 때문에 종묘에서 행하는 종묘대제를 비롯한 각종 행사 때 왕이 개천을 건너기 위해 세운 다리가 바로 종묘전교입니다.

《춘천사실》과 김정호의 《대동지지》에 '종묘전교'라고 기록되어 있으며, 다른 고지도에는 다리 모양만 표시되어 있습니다. 종묘전교는 처음에 나무다리였던 것을 세종 3년에 돌다리로 개축했습니다. 이 다리는 홍예 없는 널다리 형식으로, 남북 길이 6.9미터, 동서 폭 9.6미터의 꽤 넓은 규모입니다. 다리의 한가운데에는 한 단 높은 어도가 설치되어 있고, 다리의 네 모서리에는 해태상을 조각한 팔각의 화표주(華表柱: 팔각의 돌기둥)가 세워져 있습니다.

종묘전교 옛 풍경

종묘전교의 교각

# 하마비

종묘전교 동쪽에 돌로 만든 하마비(下馬碑)가 있습니다.

태종 12년(1412) 예조에서는 "대소신민(大小臣民)으로 종묘와 궐문을 지나는 사람은 모두 말에서 내리는 것을 규칙으로 삼고, 어기는 자는 헌사로 하여금 규찰해 다스리게 하소서"라고 건의했는데, 태종은 13년(1413) 2월 예조에 명하여 나무로 만든 표목(標木)을 세우게 했습니다. 표목 전면에는 "이곳을 지나가는 대소 관리는 모두 말에서 내리라(大小官吏過此者皆下馬)"고 썼습니다. 그 후 200여 년이 지난 현종 4년(1663) 10월 돌에 "지차대소인원하마비(至此大小人員下馬碑)"라는 글을 새겨 세웠습니다. 종묘에 들어가기 전 이 지점부터 직위의 고하를 막론하고 누구나 말에서 내려 예를 갖추라는 의미입니다.

하마비

그런데 왕께서 종묘에 오실 때는 하마비 앞에서 어떻게 했을까요? 궁궐을 나설 때 연(輦: 뚜껑이 있는 가마)을 타고 온 왕은 하마비 앞에서 잠시 가마를 멈추고 마음을 경건히 합니다. 가마에서 내리지는 않지만 잠시 예를 취한 후 다시 출발했습니다. 이때 신하들은 모두

왕이 갈아타고 들어갈 소여를 정비하고 있다.

말에서 내려 예를 취했다가 왕의 가마가 다시 출발할 때 걸어 들어갔습니다. 왕은 외대문 앞에 이르러서야 연에서 내려 작은 가마인 소여(小輿)로 바꾸어 타고 종묘 재궁(齋宮)으로 들어갔습니다.

성종 때 완성된 《국조오례의國朝五禮儀》 〈종묘도설宗廟圖說〉에는 정전의 담이 있으나 종묘 외곽의 담은 없습니다. 그런데 숙종 때 제작된 《종묘의궤宗廟儀軌》의 〈종묘도설〉에는 외곽의 담이 그려져 있습니다. 이로 볼 때 종묘의 외곽 담장이 없던 초창기에는 왕이 재궁까지 들어와 문 밖에서 여로 갈아탔고, 외곽 담이 쳐진 이후에는 외대문 밖에서 여로 옮겨 타고 재궁에 이른 것으로 생각할 수 있습니다. 이는 후손으로서 선조에게 예를 갖춰 효도를 다하기 위함이었습니다. 왕은 종묘에 들어서기 전부터 조상에게 예를 다하고, 백성에게 후손의 도리에 대한 모범을 보였습니다.

종묘대제 때 소여를 타고 외대문으로 들어오는 어가행렬

소여 정면

소여 들것 손잡이의 용 문양

소여 등받이 문양

하마비 옆에는 세종 때 종묘 어귀에 세워 앙부일구(해시계)를 놓았다는 일영대(日影臺)가 정비를 마치고 돌아왔습니다. 일반 백성들도 종묘 어귀에 와서 해시계를 보고 정확한 시각을 알 수 있었던 흔적입니다. 처음에는 세종 16년(1434) 종묘 동구에 설치했는데, 임진왜란 때 해시계 없이 받침대만 남았고, 그나마 1898년 전차 궤도를 설치할 때 파묻혔던 것을 1930년 탑골 공원에 옮겨 놓았다가 광장을 정비하며 이곳으로 옮긴 것이라고 합니다.

종묘 앞길은 폭이 약 16.5미터로 대로의 규모에 버금가는 넓은 길입니다. 왕의 어가가 종묘를 드나들려면 이만한 길 폭을 확보해야 했을 겁니다. 자, 이제 우리도 하마비 앞에서 잠시 예를 취한 후 다리를 건너 종묘의 신들을 만나러 들어가 볼까요. 무엇보다 종묘전교가 세워지면서 우리는 외대문을 멀리 바라보면서 종묘에 접근할 수 있는 거리와 시선을 확보했습니다. 이제 많은 사람들이 세계유산으로 등재된 우리나라 종묘의 신성성을 염두에 두고 좀 더 단정한 마음으로 종묘에 들어서면 좋겠습니다.

광장 길 가장자리 양쪽으로 외대문 쪽부터 남쪽으로 시냇물 같이 흐르는 긴 물길이 있어서 싱그러운 마음이 듭니다. 시내를 건너 숲길 공원으로 가는 돌다리가 있는데, 새로 조성한 광장 양옆의 숲에는 각종 수목과 우리 야생화를 심어 꾸몄습니다. 공원 사이로는 오솔길을 내고 사람들이 거닐다가 쉴 만한 쉼터도 있네요. 가는 길 오른 편에 있는 어정(御井, 서울시 유형문화재 제56호)은 여름에는 물이 얼음처럼 차고 겨울에는 김이 오를 만큼 따스하고 물맛이 좋아서 종묘제례 때 임금의 어수로 사용했다고 합니다. 종묘 일대를 훈정동이라 부르는 유래가 이 우물에 있습니다. 더 올라가면 월남 이상재 선생 동상도 보입니다. 이제 드디어 신의 향연이 펼쳐지는 신성한 공간 종묘로 들어가야겠습니다.

《종묘의궤》〈종묘전도〉·〈영녕전전도〉(서울대학교 규장각한국학연구소 소장)

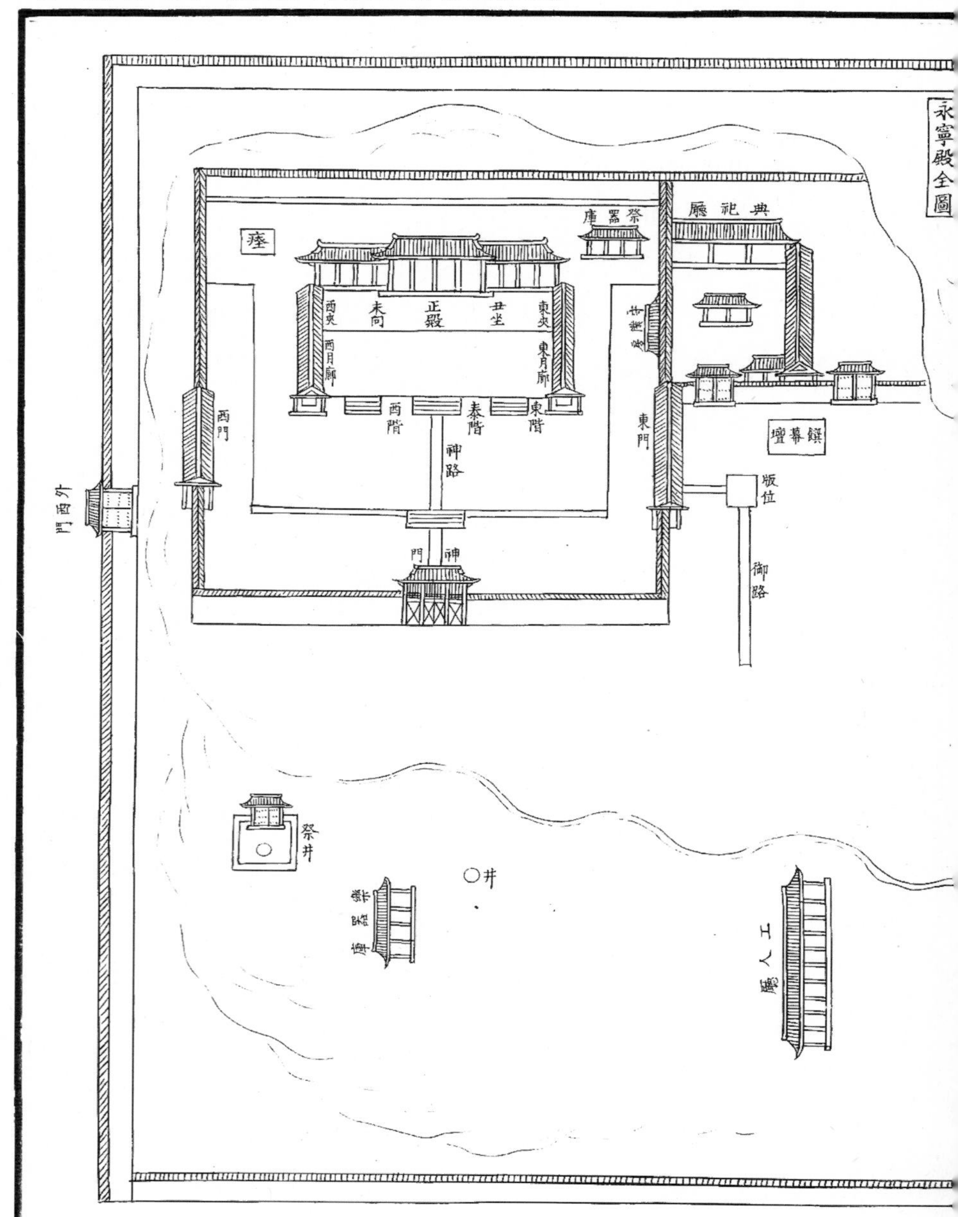

# 宗廟全圖

宗廟內墻周回東西七十步南北八十步

永寧殿內墻周回東西五十六步南北五十二步

外墻周回一千三百三十一步

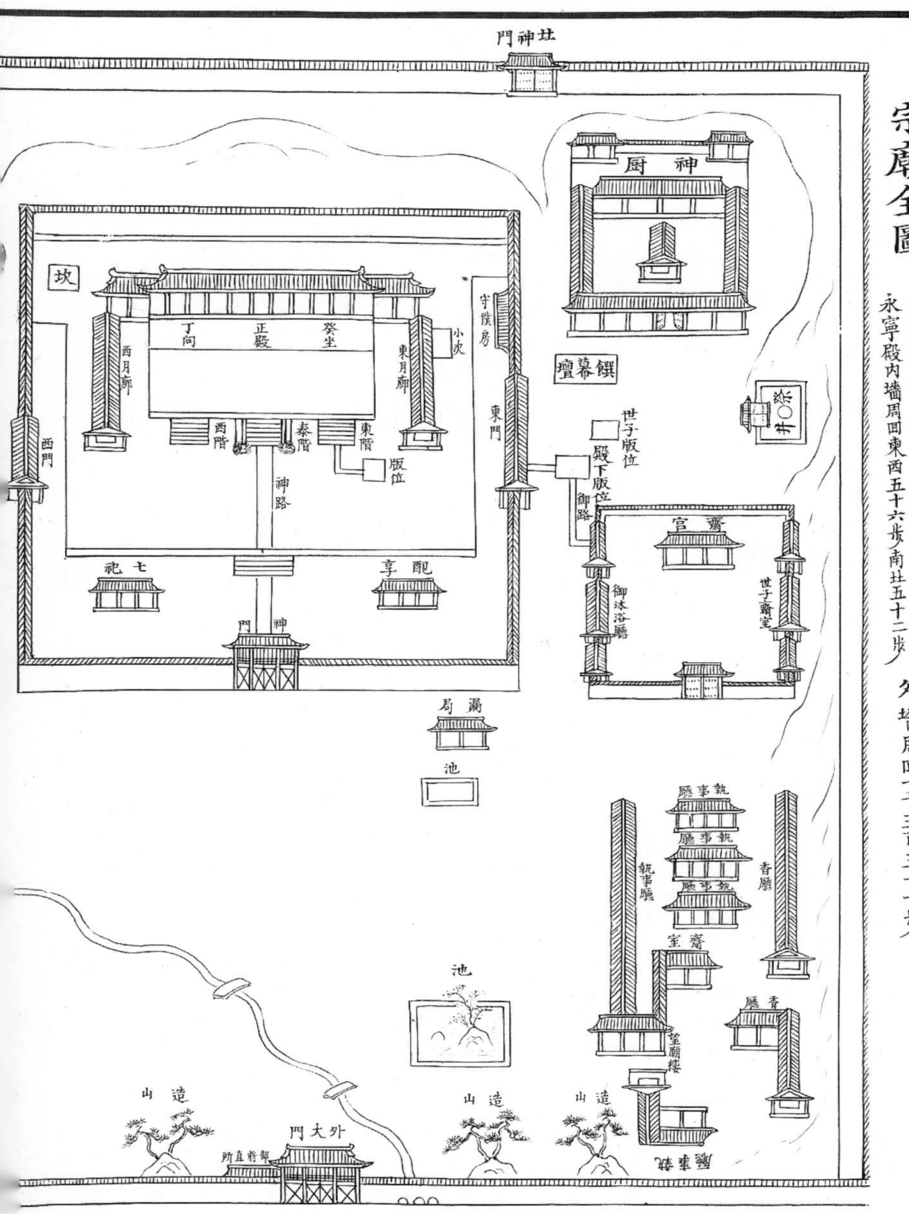

# 외대문

종묘를 들어서기 전에 잠시 대문 앞에 서서 바라봅니다. 외대문은 종묘의 정문입니다. 외대문은 그리 크지 않고 단순하며 소박한 삼문(三門)으로 이루어졌습니다. 단층의 두터운 판문 위에는 홍살(대문이나 중문 위에 만들어 댄 창살)을 설치하여 이곳이 신성한 영역임을 말하고 있습니다. 더구나 궁궐의 전각이 대부분 화려한 팔작지붕인데, 종묘 건물은 대조적으로 얌전한 맞배지붕입니다. 외대문 역시 단정하게 옷깃을 여민 듯 지붕면을 서로 맞대고 있는 맞배지붕을 하고 있습니다. 외대문에서부터 궁궐 건축과는 다른 간단한 석간주(石間硃: 산화철을 많이 포함한 붉은 빛 흙에서 산출한 검붉은 안료) 가칠을 한 단청과 익공식 치장으로 화려한 장식을 피하고 엄숙한 분위기를 보여주는 종묘의 단정한 느낌을 읽을 수 있습니다. 이러한 특징은 종묘가 근엄한 제례를 위한 공간이기 때문입니다.

외대문을 오르는 계단은 고종 때 도시 정비로 종묘 앞 일대 도로 개수 과정에서 땅에 묻혔던 것을 최근에 외대문 앞의 지면을 정리하면서 제 모습을 드러냈습니다. 자세히 보면 소맷돌 아랫부분이 아직 땅에 묻혀 있는데, 자세히 보면 태극과 구름 문양을 조각해 놓았습니다. 구름은 천상의 세계로 들어가는 상징입니다. 종묘가 신의 세계라는 의미를 태극 문양 아래 겨우 보이는 이 구름 조각이 말하고 있는 듯합니다.

맞배지붕의 외대문

외대문 계단 소맷돌의 태극과 구름 문양

## 외대문 안쪽

종묘의 대문 안쪽으로는 바깥 담장에서부터 보이던 키 큰 나무들이 가득 숲을 이루고 있습니다. 궁궐의 정면이 툭 트인 공간으로 시원스레 보이는 분위기와는 사뭇 다릅니다. 종묘는 사당이라는 엄숙한 장소적인 성격에 맞게 아늑하게 감싸인 정적인 분위기를 지니고 있습니다. 종묘 뒤편은 응봉 자락에 기대 있고, 앞에는 가산(假山)을 조성하여 기(氣)의 흐름을 막아주고 있는 지세입니다.

종묘를 더 높이 조망할 수 있는 곳에서 본다면 종묘의 전체 공간이 은밀하게 숲에 에워싸인 가운데 오로지 묘정(廟庭)에서만 하늘로 소통하려는 의도가 확실해 보이는 구성입니다. 이는 그동안 종묘의 숲이 점점 우거진 탓도 있겠지만, 종묘의 사방에 울창한 숲을 조성하여 조상신을 모신 묘정에서만 공간을 열어 하늘이 내린 신령스러운 기운을 가득 받도록 하려는 의도입니다. 마침 눈이라도 오는 날이면 마치 하늘에서 종묘를 구름막으로 차단하여 운궁(雲宮)에 올려놓은 것 같은 느낌이 들 만큼 종묘의 분위기는 일반 궁궐과는 사뭇 다르게 다가옵니다.

신로에서 바라본 외대문 안쪽입니다.

## 가산을 증축하다

가산(假山)이라는 의미는 풍수지리적으로 기의 흐름을 막기 위해 조성한 둔덕 같은 것이나 그 부근의 지세를 약간 돋워 높인 것입니다. 종묘가 준공된 후 태조 7년(1398) 2월에 이근(李懃)을 감독으로 종묘 남쪽에 조산(造山)을 만들고, 태종 9년(1409)에는 종묘의 남쪽에 가산을 증축했다는 실록 기사가 있습니다.

● 태종 9년(1409) 3월 2일 1번째 기사
종묘의 남쪽에 가산을 더 높이 쌓다.
종묘(宗廟)의 남쪽에 가산(假山)을 증축(增築)하였다.

지금 조산(造山)과 가산의 정확한 위치는 분명하지 않지만, 원래 종묘의

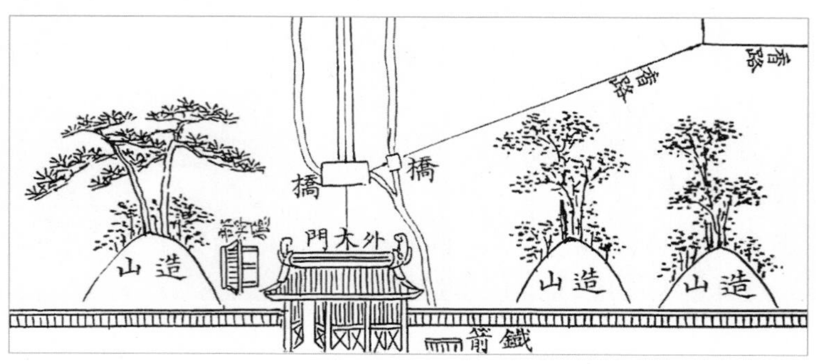


《종묘의궤속록》〈종묘전도〉에 표시된 조산 (서울대학교 규장각한국학연구소 소장)

외대문 동쪽 담장 안쪽의 가산 흔적

우백호(右白虎) 끝자락인 남쪽 언덕이 낮아 허한 것을 보충하기 위하여 인공적으로 낮은 산을 쌓은 것으로 보입니다. 숙종 연간에 발행한 《종묘의궤》 내의 〈종묘전도宗廟全圖〉를 보면, 종묘의 외대문 좌우로 인공으로 조성한 조산이 세 군데 표시되어 있고, 현재도 종묘에는 그 조산의 흔적이 남아 있습니다. 정문을 지나 오른편 담장 안쪽으로 도톰한 동산의 흔적이 있는 두 군데에 나무를 우거지게 심어 바깥 시선으로부터 종묘를 완전히 차단을 하고 있고, 왼편으로도 야트막한 둔덕이 있습니다. 태종 때 종묘의 정면이 낮아 기가 빠져 나가는 것을 막고 기운을 북돋우기 위해 가산을 쌓아 기세가 약한 남쪽으로 기가 빠져 나가는 것을 방지하고 비보(裨補: 도와서 보충함)한 것입니다.

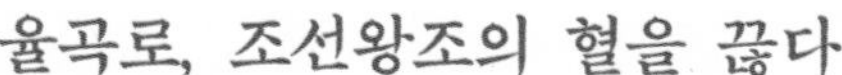

# 율곡로, 조선왕조의 혈을 끊다

원래 창덕궁 · 창경궁 · 종묘는 담장으로만 구분된 하나의 영역입니다. 예전에는 창덕궁(현재의 창경궁 영역)의 동궁 영역이 끝나는 지점에 동궐과 종묘를 연결하는 문이 있었습니다. 처음 종묘 북쪽 담장에 문을 설치한 것은 태종 때인데, 효종 때 이후로는 이 문을 사용하지 않았습니다. 이후 영조 때 종묘 북쪽 담과 궁성(宮城) 남쪽 담이 서로 닿은 곳에 문 하나를 창건하고, 초하루와 보름마다 소여(小輿)를 타고 위사(衛士) 없이 가서 전배례(展拜禮)를 행했습니다. 그리고 정조 때 다시 문을 고쳐 세우고, 삭망제(朔望祭: 초하루와 보름에 지내는 제사)와 묘현례(廟見禮: 왕비 · 세자빈 · 세손빈이 종묘에 계신 선조들을 알현하는 의례) 때 이 문을 사용했습니다.

일제강점기에 개통된 종묘와 동궐 사이의 관통도로

종묘와 창경궁 사이에 율곡로를 내면서 두 곳을 연결하던 육교

그러나 이 문은 일제강점기에 동궐과 종묘 사이에 율곡로를 내면서 없어지고 두 곳을 연결하는 육교가 도로 위에 설치되었습니다. 풍수로 볼 때 백두산의 상서로운 기가 한반도의 등뼈인 백두대간을 경유하여 한북정맥을 따라 도봉-북한산-보현봉-백악-응봉-건양현을 따라 종묘의 정전으로 이어지는데, 창덕궁과 종묘 사이에 동서를 가로지르는 길을 낸 것입니다.

이곳에 도로를 낸다는 발상은 일제강점 초기의 도시계획에서부터였지만, 순종이 단호하게 반대하여 실행하지 못했습니다. 당시 1922년 9월 21일자 〈동아일보〉 기사를 보면 순종은 "종묘의 능선을 끊고 길을 내느니 종묘 대문을 영녕전 앞으로 들이고 종묘 앞으로 길을 내든지, 아니면 차라리 창덕궁 영역을 침범하여 영녕전으로부터 멀리 길을 내라"고 했습니다. 이 문제는 도로 개설보다는 더 근본적인 이념적 문제를 내포하고

율곡로 복원공사로 철거된 육교

있었는데, 다름 아닌 조선왕조의 근본이라 할 수 있는 종묘의 북쪽으로 흐르는 지맥을 차단하는 행위였던 것입니다. 길을 내는 것이 불가피하더라도 열성조의 신위가 모셔져 있는 종묘만은 건드리지 말아 달라는 순종의 강경한 의지를 의식하지 않을 수 없었던 일제는 도로 개설을 확정지을 수가 없었습니다.

그러나 1926년 순종 승하 이후 일제는 창덕궁과 종묘 사이에 관통 도로를 냈습니다. 그나마 다행이라면 애초 일제의 계획대로 종묘의 담장을 치고 들어오는 대신 길을 구부려서 창덕궁과 종묘의 경계 부근을 따라 길을 냈다는 것입니다. 조선왕조의 허리와 지맥을 끊었다느니 하는 논란과 비난이 그치질 않았던 길 하나가 1931년 봄 그렇게 개통되었습니다. 그리고 사람들은 종묘든지 창경궁이든지 한 장의 입장권으로 두 곳을 관람할 수 있었고, 육교를 건너면서 차들이 싱싱 달리는 율곡로를 내려다보는 풍경을 신기해했지요.

지금 그 능선을 되살리기 위해 율곡로를 재정비하는 공사가 진행 중에 있습니다. 도로 위에 설치되었던 육교도 철거(철거된 육교 구조물의 일부 석재는 현재 서울시립역사박물관 정원 한 편에 세워져 있다)하고, 이미 땅이 파헤쳐지고 잘려나간 자리에 흙을 돋우고 다시 능선을 잇는 공사입니다. 창덕궁 앞에서 창경궁로와 만나는 원남동 사거리까지의 구간을 지하화하고, 이전처럼 창경궁과 종묘를 연결시키는 공사를 하고 있습니다. 어떤 이들은 이미 파헤쳐지고 끊긴 도로에 껍데기 능선만 복원한다고 해서 풍수의 혈이 살아나겠느냐고 회의적으로 말합니다. 그래도 우리는 응봉으로 흐르는 백두대간의 힘찬 기운이 복구된 종묘의 능선을 타고 들어 다시 나라의 기를 북돋아줄 것을 기다립니다.

외대문에서 바라본 신로

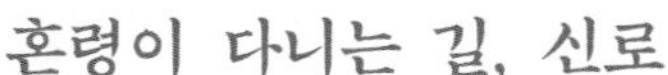

# 혼령이 다니는 길, 신로

종묘의 정문 외대문 안에 들어서면 대번에 우리의 눈길을 끄는 직선의 긴 길이 있습니다. 돌을 깔아 이어지는 길은 세 갈래로 나누어져 가운데가 높고 양쪽이 비스듬히 경사져서 낮습니다. 이렇게 거칠게 다듬은 박석을 깔아 만든 삼도는 길 양쪽으로 우거진 나무 숲 멀리까지 아스라이 이어지고 종묘의 깊숙한 공간감을 강조하고 있습니다.

신로

강직한 직선이 길게 이어지는 삼도를 보는 순간 우리는 종묘의 엄숙하고 경건한 분위기를 몸으로 느끼게 됩니다. 거친 박석을 깔아 이 길을 걸을 때 걸음걸이를 진중하게 하고 경건한 마음을 갖도록 하고 있습니다. 물론 이 길은 일반 사람들이 다니기 위한 길은 아닙니다.

삼도는 궁궐에도 있습니다. 궁궐에서 삼도의 가운데 길은 왕이 다니는 어도(御道)입니다. 그런데 종묘의 삼도는 그 용도가 다릅니다. 종묘가 신을 모시는 곳이니 가운데 높은 길이 신향로(神香路)로 신이 다니는 길이고, 오른쪽이 임금이 다니는 어로(御路), 왼쪽이 세자가 다니는 세자로(世子路)입니다. 신향로는 대제를 지낼 때 조상과 관련된 것들, 즉 신주나 향(香), 축(祝: 축문)을 옮길 때 밟는 길입니다.

제향 하루 전 새벽 궁궐에서는 제례에 쓸 향과 축을 왕이 헌관(獻官)에게 전달하는 전향축(傳香祝) 의식을 행했습니다. 종묘제례에 왕이 친행을 하지 못하고 세자나 영의정이 대행하는 경우라도 향축은 반드시 왕이 친히 전하여 종묘제향을 챙겼습니다. 향축은 이 신로(神路)를 밟고 향대청으로 옮겨 모셔졌습니다.

같이 가던 신향로와 어로는 중간에 갈라져서 신향로는 정전의 정문인 남신문으로 이어지고 어로는 재궁(齋宮)으로 이어집니다. 이때 정전의 남문으로 갈라지는 신로가 비스듬한 사선으로 뻗고 있는데, 궁궐에서는 볼 수 없는 선의 연결입니다. 궁궐의 선은 항상 반듯한 수직 수평을 유지하려고 애씁니다. 그런데 궁궐보다 더 신성하고 근엄한 이곳 종묘에서 이런 현상을 보게 된다니 조금 엉뚱한 상상을 했습니다. 그냥 건물의 배치에 따른 길의 연결이라고만 생각하면 좀 밋밋합니다. 만약 옛 사람들이 조상을 뵈러 가는 마음을 늦출 수 없어 그냥 사선으로 내달리는 지름길을 만

신향로와 어로는 중간에 갈라져서 신향로는 정전의 남문으로, 어로는 재궁으로 이어진다.

들었다면 조상께 기쁘게 달려가고픈 후손의 어여쁜 마음을 읽을 수 있는 길이 되겠지요. 요즈음 현대사회가 조상이나 효를 생각하기에 너무 바쁘고 각박한 세태라면 제가 또 엉뚱한 상상을 한 것일 수도 있습니다.

어쨌든 종묘의 신로(神路)는 말 그대로 신이 다니는 길입니다. 종묘에 제향이 있는 때를 빼고는 늘 이 길 위에 "이 길은 조상의 혼령이 다니는 신로이니 보행을 자제해 주세요"라는 표지판이 세워져 있습니다. 네, 이렇게 엄숙한 의례대로라면 일반 사람들이 이 길을 밟으면 안 되는 신성한 길이라는 것은 알겠는데 불편한 점이 참 많습니다. 신로 양옆으로 조성된 나무숲도 분명 처음 종묘를 지었을 당시에는 이렇게 신로에 바특하게 붙어 있지는 않았을 것입니다. 만약 신로 옆의 하지(下池)를 구경하다가 망묘루 쪽으로 발걸음을 옮기고 싶을 때면 결국 신로를 밟지 않으려고 껑충거릴 수밖에 없습니다. 다리가 긴 사람이거나 아니거나 그 신로 위를 겅중거리며 건너는 모습을 옛사람들이 보셨다면 불경스럽게 여겼을 듯합니다. 어쨌든 이러한 불편함은 종묘가 철저히 신을 위한 공간으로 조성된 곳이라는 느낌을 확실하게 해주고 있습니다. 네, 조금 번거롭지만 다시 외대문 안쪽 공간으로 가서 돌아가야겠습니다.

그런데 종묘제향이 열리는 날 어가행렬이 표지판 없는 신로 위를 당당하게 지나는 것을 볼 때마다 뭔가 잘못된 재현이라는 생각을 하게 됩니다. 신로는 신께 올리는 향축을 받든 제관만이 밟을 수 있는 길이라는 의미에 제가 너무 고집을 부리고 있는지도 모르겠습니다.

# 유네스코 세계유산 종묘

삼도 왼편으로 종묘사적비 옆에 유네스코 기념비가 있습니다. 우리나라 종묘가 1995년 유네스코 세계유산에 등재된 것을 기념하는 비입니다. 원래 종묘제도 자체는 고대 중국에서 유래한 것이지만, 현재 중국 자금성 앞에 위치한 명 · 청 시대의 태묘(太廟)는 1949년 중국 공산당이 지배하기 시작한 중화인민공화국 출범 이후 '노동인민문화궁'으로 바뀌어 공원화되는 바람에 제 기능을 상실했습니다.

유네스코 세계유산 기념비

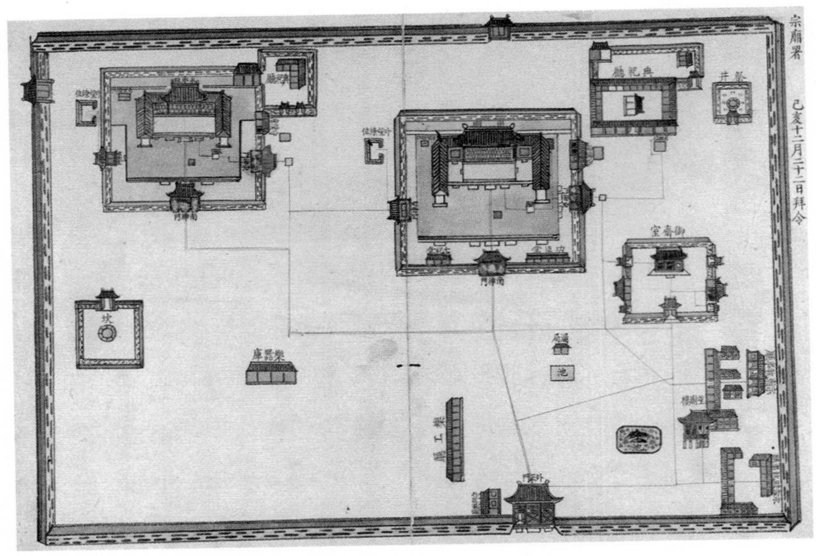


한필교(1807~1878)의 화집 《숙천제아도》 중 〈종묘서宗廟署〉 (하버드-옌칭 도서관 소장)
종묘의 배치와 구조가 실제에 가깝다.

현재 세계에서 유일하게 유교적 제향 공간으로서의 기능을 제대로 유지하고 있는 우리나라 종묘는 1995년 12월 9일 독일 베를린에서 열린 유네스코 세계유산위원회 제19차 정기총회에서 '서울문화 및 자연유산의 보호에 관한 협약'에 의거하여 유네스코 세계유산으로 지정되었습니다. 뒤이어 2001년 종묘제례(宗廟祭禮)가 종묘제례악과 더불어 유네스코 '인류 구전 및 무형 유산 걸작'으로 선정되었습니다. 종묘제례는 유교 문화의 국가적 제향을 600년 가까이 이어온 세계에서 가장 오래된 유교문화 유산입니다. 종묘 건축과 함께 종묘제례와 종묘제례악(宗廟祭禮樂)은 후손이 조상께 올리는 모든 의례 절차가 얼마나 신성하고 숭고한지를 보여주는 가장 아름다운 예입니다.

## 종묘의 기원

조상신을 섬기는 종묘제도의 기원은 중국 우(虞)나라 때 시작하지만, 최초의 유교적인 종묘의 개념은 중국 주(周)나라 때 ✿《예기禮記》에 나타납니다. 한국에서는 삼국시대 각 나라의 관련 기록에서 초기부터 시조묘(始祖廟)에 제사지냈다는 기록이 있어 이를 종묘의 기원으로 보고 있습니다.

종묘에 대한 우리의 기록은 고구려 동천왕 때 중국 위나라의 공격으로 환도성이 파괴되자 평양성을 새로 쌓으면서 종묘와 사직을 옮겼다는 기록이 나옵니다. 그러나 이때의 종묘는 지금처럼 완전한 유교식이 아니라

종묘 정전

기존에 존재하던 시조묘의 연장선상에 있었고, 더구나 신주가 아닌 신상을 모셨습니다.

《삼국사기》에는 백제 온조왕 때 동명성왕과 국모(國母)에게 제사 지냈다는 기록을 남기고 있습니다. 또한 백제는 시조신 제사를 지내면서 동시에 천지신에게 제사를 올렸는데, 29대 법왕 때부터는 제사보다는 불교 의례가 중시되는 경향을 보입니다. 그리고 다소 늦은 시기에 종묘제도를 도입한 신라는 기원후 6세기경 시조인 박혁거세를 모시는 묘(廟)를 짓고 4계절마다 제사를 드렸다는 기록이 있습니다.

유교적 형태의 종묘제도 도입은 통일신라시대 때부터입니다. 687년 신문왕(재위 681~692) 때 태조 성한왕(추존)·진지왕·문흥대왕(추존)·태종무열왕·문무왕의 5위를 모셨고, 혜공왕(재위 765~780) 때 이르러서 5묘와 불천위(不遷位)를 정했다는 기록이 나옵니다. 이처럼 종묘에 관한 기록은 삼국시대부터 보이지만, 제도로서 완비된 것은 고려 성종 때입니다.

고려시대 최초의 종묘에 대한 기록으로 성종 7년(988) 처음 5묘제를 정했다는 기록이 있습니다. 성종이 태묘(太廟)를 짓고 천자의 예로 제사 지내는 종묘제례를 시작했으며, 이때 5묘 9실제를 채택하여 종묘에 9실을 설치하고 4기의 신주는 불천위로, 나머지 다섯 신주는 세대가 지날 때마다 신위를 옮겼다고 했습니다. 그리고 고려 후기 공민왕 때 하나의 종묘 건물을 3개의 실로 나누고, 실을 다시 방으로 나누어 22개의 신주를 모신

✿ 《예기》 : 오경(五經)의 하나인 《예기》는 중국 주나라 말기에서 진한시대까지 예(禮)에 관한 이론과 실제를 기록한 책으로 관례와 의례의 교본이다. 의례에 대한 해설과 함께 유교적 예치주의를 기본으로 한 일상생활 문화의 도덕규범 등 각종 예절에 대한 질서와 예의 다양한 근본정신을 기록하고 있다.

'동당이실이방(同堂異室異房)' 제도가 조선의 종묘제도에 영향을 주었습니다.

조선왕조의 종묘는 역대 왕과 왕비 및 추존된 왕과 왕비의 신주(神主: 죽은 사람의 위패)를 모신 국가 사당으로, 그 제례적 신성성과 함께 종묘 건축이 갖는 단아하면서도 장엄한 분위기를 보여주는 세계에서 유일한 건축물입니다. 1592년 임진왜란 때 불타 없어졌다가 광해군 원년(1608)에 이전의 규모로 중건되었고, 그 후 다시 몇 번의 증축 및 보수(補修)를 거쳐 현재에 이르고 있습니다. 종묘는 처음 지어졌던 구조에서 점점 더 길어졌고, 사당으로서의 기능을 위한 공간으로 특별한 위계를 지니게 되었습니다.

● 《연려실기술》에 기록된 종묘

태조 3년에 처음으로 종묘(宗廟)를 한양 새 도읍에 세웠다. 이보다 앞서 개국 초에, 공조 전서(工曹典書) 이민도가 글을 올려 종묘 세우기를 청하니 임금이 하교하기를, "천자는 7묘(廟)요, 제후는 5묘인데, 왼쪽에 종묘, 바른 쪽에 사직을 짓는 것이 옛 제도이다. 전조(前朝)에서는 소·목(昭穆)의 차례와 당침(堂寢)의 제도가 법에 맞지 않고, 또 성 밖에 있었으며, 사직이 비록 오른쪽에 있었으나 그 제도에 옛날과 어긋남이 있으니, 예조에서 자세히 연구하고 의논을 하여서 정한 제도를 만들게 하라" 하였다. 이듬해에 삼사좌복야 영서운관사 권중화가 새 도읍의 종묘·사직과 궁전 조시(朝市)의 도본을 바치니, 임금이 서운관 풍수학인(風水學人) 이양건, 배상충 등에게 명하여 지형을 살펴보게 하였다. 이에 이르러 임금이 도평의사사와 서운관 사원(史員)들을 데리고, 종묘사직을 세울 곳을 살펴보고, 공작국(工作局)을 설치하며, 수레를 몰아 용산(龍山)으로 행행하여 종묘 지을 재목을 둘러보며, 또 친히 가서 기초를 닦는 것을 보았다.

4년에 태묘(太廟)가 낙성되니 백관이 공복(公服)을 갖추고, 4조(祖)의 신주를 반송정(盤松亭)으로 나가 맞아 새 사당에 봉안하게 하고 권중화에게 명하여 이안제(移安祭)를 행하게 하였는데, 길창군 권근이 신묘시(新廟詩) 4장을 지어 바쳤다.

—별집 제1권 사전전고(祀典典故) 종묘(宗廟) 영녕전(永寧殿) 연려실기술

# 조선의 종묘제도

묘(廟)는 조상의 신주를 모시고 제사를 받드는 곳입니다. 옛사람들의 생각으로 사람이 살아 있다는 것은 혼백(魂魄)이 온전한 것입니다. 그런데 사람이 죽으면 혼(魂)은 하늘로 가고, 몸을 지탱하던 백(魄)은 땅으로 갑니다. 이때 사람들은 혼을 위한 구조물로 묘(廟: 사당)를 짓고, 백을 위해서는 무덤(墓)을 만들었습니다.

종묘는 국가의 조상신을 모시는 조선왕조의 사당입니다. 조선을 건국한 태조는 한양 천도가 확정되기 전에는 개경에 있던 고려의 태묘를 허물고 그 자리에 조선의 종묘를 세우도록 했으나, 태조 3년(1394) 10월에 한양으로 천도하면서 개경의 종묘는 공사가 중단되었고, 한양에 새로운 종묘를 짓기 시작했습니다.

● 태조 3년(1394) 9월 9일 2번째 기사

판문하부사 권중화 · 판삼사사 정도전 · 청성백 심덕부 · 참찬 문하부사 김주 · 좌복야 남은 · 중추원 학사 이직 등을 한양에 보내서 종묘 · 사직 · 궁궐 · 시장 · 도로의 터를 정하게 하였다. 권중화 등은 전조 숙왕(肅王) 시대에 경영했던 궁궐 옛터가 너무 좁다 하고, 다시 그 남쪽에 해방(亥方)의 산을 주맥으로 하고 임좌병향(壬座丙向)이 평탄하고 넓으며, 여러 산맥이 굽어 들어와서 지세가 좋으므로 '여기를 궁궐터로 정하고', 또 그 동편 2리쯤 되는 곳에 감방(坎方)의 산을 주맥으로 하고 임좌병향에 종묘의 터를 정하고서 도면을 그려서 바치었다.

종묘 사적비

태조는 한양 천도를 단행한 뒤 그해 12월부터 경복궁과 종묘, 그리고 사직단 창건 공사를 동시에 진행해 이듬해 태조 4년(1395) 9월 경복궁과 종묘를 완공했습니다.

태조는 종묘가 완공된 뒤 개경에 모셨던 4대조의 신주를 새 종묘에 옮겨 모셨습니다. 이후 조선의 역대 제왕들은 죽어서 종묘에 모셔졌고, 후손들의 제향을 받았습니다. 시간이 흐름에 따라 모셔야 할 신위가 점점 많아지자 새로운 공간이 필요하게 되어 종묘의 별묘로 영녕전을 건축했습니다. 세종 때 영녕전 신축 이후 종묘는 몇 차례의 신실(神室) 증축을 통해 늘어난 신위를 봉안할 공간을 늘려갔습니다.

중국 태묘

❖ 종묘의 건축적 특징

종묘 건축은 고대 중국 주나라 시대의 종묘제도에 근거하여 이루어졌으나, 건물의 배치와 공간 구성은 현실적인 상황과 자연 지세를 적절히 적용하고 있다. 제례를 위한 공간으로서의 종묘는 조선시대 건축물로 가장 정제되고 장엄하며 신성한 건물 중 하나이다. 다른 건물과는 그 기능적 목적이 확연히 구분되는 독특하고 고유한 묘(廟) 건축의 대표작이라고 볼 수 있다.

음택(陰宅)인 종묘는 전체적으로 시야가 밖으로부터 단절되도록 사방 주변으로 울창한 숲을 조성하여 묘정에서만 공간이 하늘로 통하여 하늘이 내린 신기를 가득 받아 신과의 영적인 교류가 이루어지도록 수림을 조성했다. 그 결과 종묘는 죽은 자를 위한 신전으로서 극도로 단순하고 절제된 기품 있는 고전적인 아름다움을 보여준다. 왕이 사는 궁궐의 치장을 화려하고 밝게 한 것과는 대조적이다.

## 종묘사직

종묘(宗廟)와 사직(社稷)은 바로 조선을 지탱하는 정신적 뿌리였습니다. 사극에서 자주 나오는 대사 "전하, 종묘와 사직을 생각하소서"라는 말은 나라의 근본을 지키라는 말입니다. 조선왕조는 고대 중국의 제도를 기록한 《주례》 〈고공기考工記〉 법식에 따라 궁궐의 왼편에 종묘를 두고, 오른편에 사직을 두었습니다.

조선의 왕이 가장 중요하게 떠받든 것은 바로 종묘사직입니다. 1592년 임진왜란으로 조정이 모든 것을 버리고 황급히 피난길에 올랐으나, 그 황망 중에도 종묘와 사직의 신주만은 안전하게 피신시켰습니다. 이는 종묘사직이 보존되어야 나라를 지킬 수 있다는 믿음이었으며, 그런 의미에서 종묘사직은 국가의 존립 그 자체였습니다.

● 선조 25년(1592) 5월 10일 8번째 기사
종묘 사직의 신주(神主)를 개성에서 받들고 와서 영숭전(永崇殿) 좌우 협실(左右夾室)에 봉안했다. 대신이 제관을 보내어 위안제(慰安祭)를 올릴 것을 청하였다.

전쟁 당시 한성으로 들어온 왜군 우키다 히데이에(宇喜多秀家: 1572~1655)의 부대가 종묘에 주둔했을 때 밤만 되면 괴성이 들리고 병졸이 급사하는 등 괴변이 속출했습니다. 종묘에 신령이 있기 때문이라는 말을 들은 우키다는 남별궁으로 옮겼습니다. 물론 이 와중에 종묘는 불에 타서 잿더미로

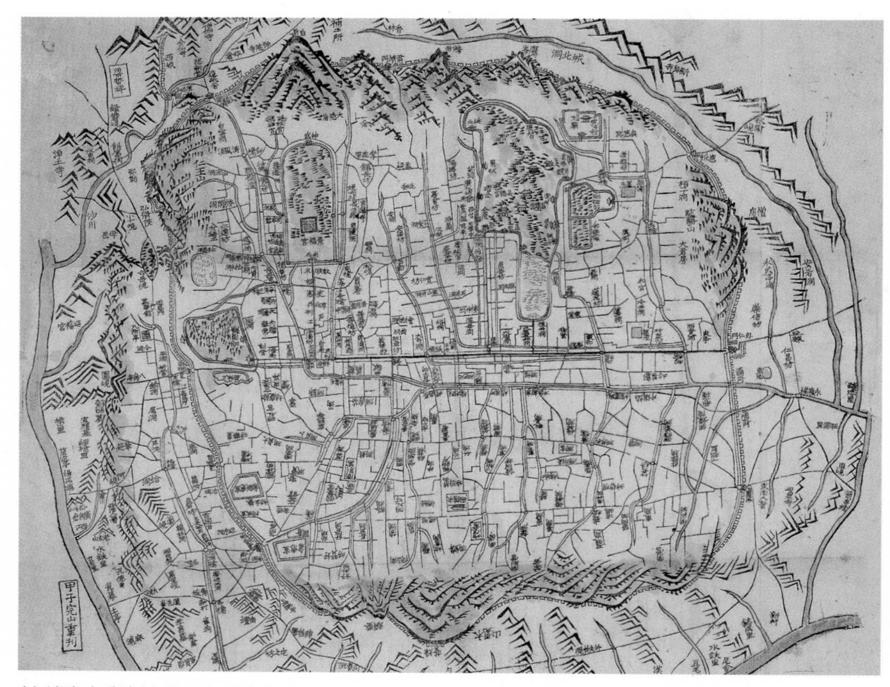


〈수선전도〉에서 본 종묘와 사직의 위치

변했습니다.

왕이 종사(宗社)를 제대로 돌보지 못하는 것은 천명을 어기는 일이고, 후손으로서는 책임을 다하지 못한 죄인으로 부끄러워했습니다. 왕들은 종묘가 훼손되거나 무너지는 것은 나라의 근간이 흔들리는 가장 두려운 일로 생각했던 것입니다. 종묘와 사직은 바로 한 국가의 개념을 그대로 보여주는 상징이었습니다.

# 사직단

경복궁을 중심으로 동쪽에 종묘가 있고, 서쪽에 사직단이 있습니다.

사직(社壇)은 땅의 신인 사(社)와 곡식의 신인 직(稷)을 함께 이르는 말입니다. 사직단(社稷壇)은 북쪽에 신위를 모시고 동서로 단을 쌓아 사단(社壇)과 직단(稷檀)을 따로 설치했습니다. 사단은 동쪽에 직단은 서쪽에 있는데, 사단에만 석주(石柱: 돌 신주)를 설치했습니다. 각 단의 동은 청색, 서는 백색, 남은 적색, 북은 흑색의 흙을 깔고 그 위를 황색 흙으로 덮었습니다. 또한 각 단에는 신위를 모셨는데, 사단에는 국사지신(國社之神)과 후토지신

경복궁 서쪽에 위치한 사직단

단 둘레에 설치된 낮은 울타리 유(壝)

(后土之神)을 모셨고, 직단에는 국직지신(國稷之神)과 후직지신(后稷之神)을 모셨습니다. 현재는 황제국의 예에 따라 국사지신을 태사지신으로, 국직지신을 태직지신으로 높여 모셨습니다. 각 단의 사방으로 계단을 설치하고, 단 둘레에는 유(壝)라고 하는 낮은 울타리를 치고 그 유에는 사방으로 문을 세웠는데, 이러한 형식은 후대에도 크게 변화가 없었습니다. 태종 6년(1406) 지방의 각 도와 고을에 모두 사직단을 세우게 하였고, 세종 8년(1426)에는 사직단을 사직서(社稷署)로 승격시키고 종묘서(宗廟署) 아래에 두어 관리했습니다.

《국조오례의》〈서례〉 편에 기록되어 있는 조선 초기의 사직단을 보면, "한가운데에 사단과 직단이 각각 동쪽과 서쪽에 위치했는데, 너비는 2장 5자이고 높이는 3자였다. 한쪽 면의 길이는 25보(步)였으며 사방으로 홍살문이 있고, 그 밖으로 다시 네모난 담장이 둘러쌌으며, 이 담장에도 역시 사방으로 홍살문이 있다"라고 기록하고 있습니다. 바깥 담장에 세운 세 방향의 홍살문은 모두 한 칸 문인데, 신이 출입하는 북신문은 삼문으로 이루어져 있습니다.

임진왜란이 일어나자 사직단의 건물은 모두 불타버리고, 신위(神位)는 개성의 목청전(穆淸殿: 태조 진전)에 묻어 보관되었다가 평양으로 옮겨졌습니다. 선조가 의주까지 피난하게 되자 사직단의 신위는 세자가 받들고 황해도・강원도 등으로 다니다가 환도해서는 심의겸의 집에 종묘의 신위와 함께 모셨습니다. 사직단이 완전히 중건된 시기는 명확하지 않으나, 1603년 선조실록에 사직단에 관한 기사가 나오는 것으로 보아 1608년 종묘가 중건되기 전에 사직단을 먼저 세운 것으로 보입니다.

삼문으로 이루어진 북신문

사단의 둥근 돌 '석주'는 하늘의 기를 받는 곳이다.

제사가 끝나고 축문과 폐, 서직을 태우고 묻는 '예감'이다.

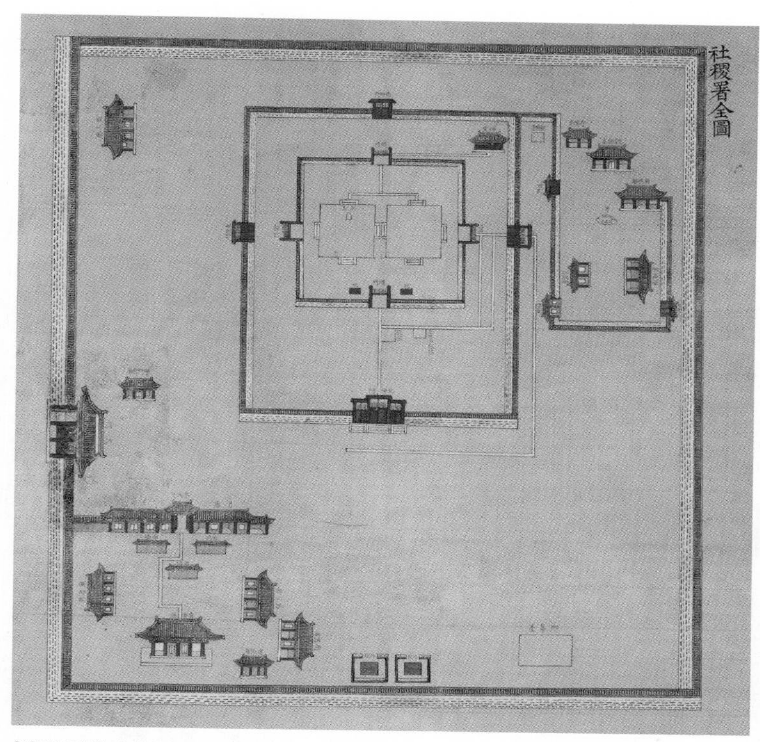


《사직서의궤》의 〈사직서전도〉 (국립고궁박물관 소장)

1783년 편찬된 《사직서의궤社稷署儀軌》의 〈사직서전도社稷署全圖〉에 보면 부속건물이 이전보다 많이 늘어난 기록이 보입니다. 서쪽에 제기고·재생전·전사청·잡물고·수복방 등이 위치하고, 동쪽에 악기고·안향청·차장고·악공청·부장직소 등이 양쪽에 퍼져 있습니다. 당시 사직에 제사 드리고 관리하는 일이 더욱 많아지고 세분화되었음을 알 수 있습니다. 현재는 사직의 규모가 매우 축소되었으며, 부속건물 가운데 재실(齋室)로 쓰이던 안향청과 정문만이 남아 있습니다.

# 2 망묘루와 향대청, 예를 갖추다

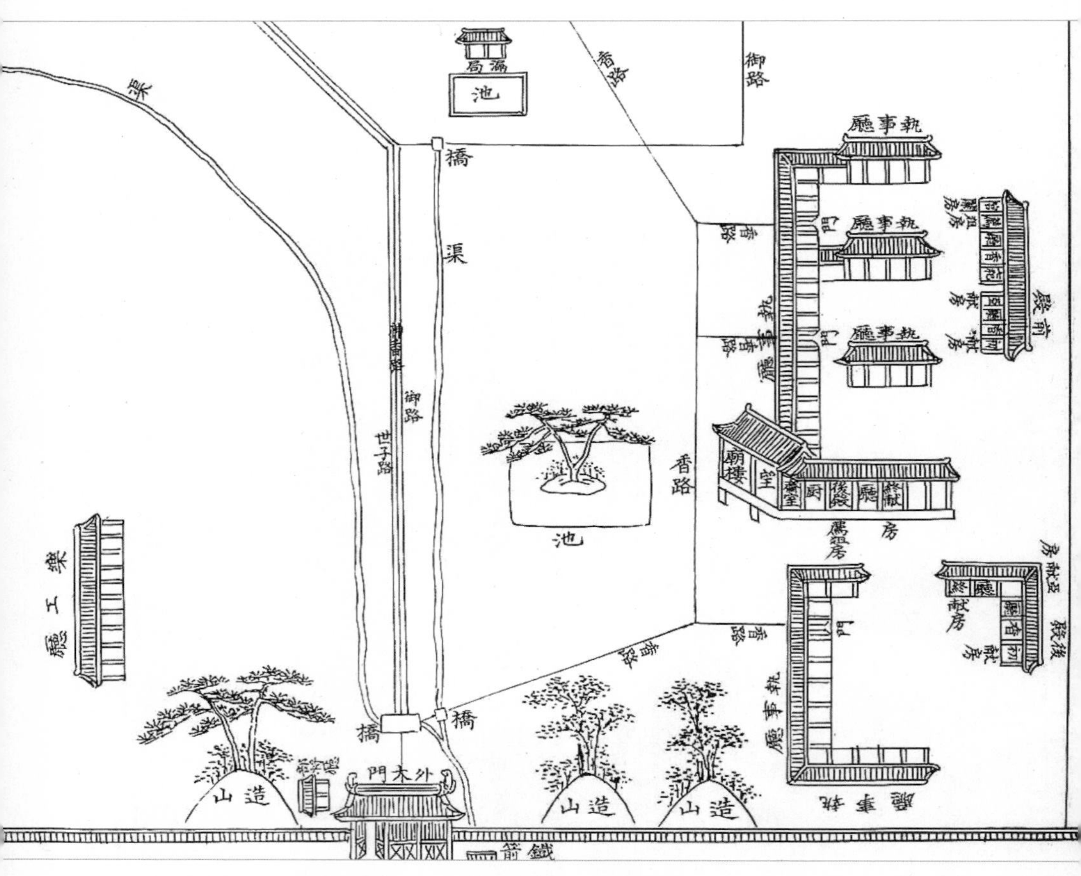


《종묘의궤속록》에 표시된 연못과 망묘루·향대청 일원 (서울대학교 규장각한국학연구소 소장)

《종묘의궤속록》은 1706년 편찬된 《종묘의궤》의 속편으로 종묘의 변화상을 보여준다. 각 실의 명칭을 자세히 기입하고, 칸 수를 셀 수 있게 기둥을 그려 건물의 규모를 알 수 있다. 수록 도설인 〈종묘전도〉에는 1726년(영조 2년)의 정전 증축이 반영되어 있다.

## 지당

현재 종묘에는 세 개의 지당(池塘: 연못)이 있습니다. 외대문 안쪽 왼편으로 시선을 돌리면 하지(下池)가 있고, 삼도 오른편으로 망묘루 가는 길에 소박한 못 중지(中池)가 보이고, 그 위쪽으로 상지(上池)가 있습니다. 그중 정전 남쪽과 망묘루 앞에 있는 두 개의 못은 숙종 때의 《종묘의궤》 속 〈종묘전도〉에 보이는데, 외대문 옆에 있는 하지는 《종묘의궤》에도 실록에도 나타나지 않고 있어 일제강점기 때 조성된 것으로 추정됩니다.

외대문 옆으로 보이는 하지(下池)의 봄

향나무가 심어져 있는 중지(中池)

중지는 가운데 둥근 섬이 있는 사각형의 못으로 천원지방(天圓地方)의 원리를 따릅니다. 우리나라 고유의 연못 형태인데 사각형의 못은 땅을, 둥근 섬은 하늘을 의미해서 음양의 조화를 상징하는 것입니다. 종묘라는 제례 공간의 특성에 따라 지당에 연꽃 등을 심지 않았고 물고기도 기르지 않았습니다.

그러나 종묘에 아예 꽃이 피지 않는 것은 아닙니다. 화초류의 꽃 치장을 하지 않은 것뿐이지 종묘의 조경은 계절을 찾아 피는 꽃나무가 있어서

사각형의 못 상지(上池)

넘치게 화려하지는 않지만 매우 아름답습니다. 봄가을이면 이곳 못 주변의 나무들이 꽃 피고 단풍 들어 아주 아름다운 풍경을 만듭니다. 종묘의 엄숙함에 가장 어울리지 않는 곳이 지당 주변의 아름다움입니다. 영산홍을 비롯한 봄꽃은 종묘의 경건한 분위기와 상관없이 화사합니다. 예전의 법도였다면 이 꽃들을 치우라고 했을까요? 겨울 눈 덮인 중지에 향나무가 못 가운데의 섬에 심어져 있습니다. 궁궐의 지당 섬에 소나무를 심은 것과 달리 종묘는 제사를 지내는 곳이므로 향나무를 심은 것입니다.

못 주변의 나무들이 단풍 들어 아름다운 풍경을 만듭니다.

중지 옆 가을

중지를 지나면 종묘 건물 중 유일한 팔작지붕의 망묘루(望廟樓)가 있습니다. 누마루처럼 튀어나온 구조를 가진 망묘루는 이름 그대로 '종묘를 바라본다'는 뜻으로, 왕이 종묘를 바라보며 선왕의 은덕과 나라의 종묘사직을 생각한다는 의미입니다. 영·정조 시대에는 이곳에 어제 어필을 걸어두었다고 하고, 후대에는 종묘를 관리하던 관원들이 숙직이나 당직을 섰던 곳입니다.

1783년 12월 25일에 정조가 납일대제를 지내기 위해 망묘루에서 밤을 보내면서 그 자리에 있는 신하들과 함께 시를 짓고, 이를 현판에 써서 망묘루에 걸도록 하였다는 기록이 있습니다. 이 시들은 《갱재축賡載軸》 중 〈망묘루재소갱재축望廟樓齋宵賡載軸〉에 수록되어 있는데, 그중 정조의 어제시(御製詩)를 읊어볼까요.

망묘루 편액(국립고궁박물관 소장)

망묘루

아, 내가 무엇을 계술했다 하리오.
조부 영조대왕께선 매양 몸소 제사 지냈네.
종묘는 선왕을 우러러 보는 곳.
누각 이름은 사모의 정 새로워라.
흐르는 못물은 큰 은택의 나머지요,
나무 그늘은 또 기나긴 봄이로다.
감히 추위가 심하다고 말할쏘냐,
작은 정성이나마 오늘 펼쳐야지.

## 공민왕 신당

망묘루를 지나 동쪽으로 연결된 작은 전각은 공민왕 신당(恭愍王 神堂)입니다. 정식 명칭은 '고려 공민왕영정봉안지당(恭愍王影幀奉安之堂)'으로 내부 북쪽 벽에 공민왕과 왕비인 노국대장공주(魯國大長公主)의 영정이 모셔져 있고, 서쪽 벽면에는 준마도(駿馬圖)가 보입니다.

그런데 조선왕조의 종묘 안에 왜 고려왕의 신당이 있을까요? 자못 궁금합니다. 처음 공민왕 신당을 보았을 때는 신당이라고 보기에는 규모도

공민왕 신당

공민왕 신당 내부의 공민왕과 노국공주 영정

너무 작고 내부에 걸린 공민왕과 노국공주의 영정도 빛바랜 듯 초라해 보여서 종묘에 잘 어울리지 않는다는 생각이 들었습니다. 지금도 그 생각은 크게 바뀌지는 않았지만, 그 주변의 나무숲이 아름다워서 오히려 한적하게 걸음을 하는 곳입니다.

공민왕(재위 1351~1374)은 고려의 제31대 국왕으로 즉위 후 반원정책을 펼치면서 과감한 혁신 정치를 단행했습니다. 공민왕 5년(1356) 몽골이 지배하던 쌍성총관부 공격을 명령했을 때 이성계와 그의 부친 이자춘이 성문을 열어 성을 바쳤고, 이를 계기로 이자춘 부자가 고려 정계에 등장했습니다. 공민왕은 또 성균관을 재건하여 유학을 장려하고 유능한 인재들을 대거 등용했는데, 이러한 개혁 정치로 고려 말 조선의 건국 세력인 이성계와 신흥 사대부들이 정치 무대에 자리 잡게 되었습니다. 공민왕은 1365년 왕비인 노국대장공주가 죽자 실의에 빠져 국사를 소홀히 하다가 홍윤과 최만생 일파에게 시해되었습니다.

공민왕의 뒤를 이어 어린 우왕이 즉위했는데, 1388년 이성계가 우왕을 폐위시키고 창왕에 이어 공양왕을 왕위에 앉혔다가 다시 내쫓고 조선을 건국했습니다. 이성계 일파는 우왕이 공민왕의 자식이 아니라 신돈의 자식이라는 설을 공론화함으로써 고려 왕조의 맥이 끊겼다는 논리를 내세웠고, 이는 새로운 왕조인 조선의 개국을 정당화하는 데 이용되었습니다. 이로써 고려는 34대 왕 474년 만에 몰락했습니다.

전해오는 이야기에 따르면, 종묘를 세울 때 큰 회오리바람이 불더니 공민왕의 영정이 하늘로부터 떨어졌고, 태조와 신하들이 논의 끝에 그 영정을 봉안하기 위해 공민왕 신당을 지었다고 합니다. 이는 조선을 건국한 이성계와 신흥 사대부들이 종묘를 세우면서 그들이 무너뜨린 고려 왕조의 원혼을 달래기 위해 공민왕 사당을 세운 것으로 추정됩니다. 현재는 종묘제례가 끝난 후 전주이씨대동종약원에서 공민왕의 제사를 지내고 있습니다.

# 향대청

공민왕 신당을 보고 다시 돌아 나오면 망묘루의 북쪽에 서향으로 향대청(香大廳)이 있습니다. 향대청은 향청과 집사청으로 구분되어 있습니다. 제향에 사용하는 향축(香祝)과 제사 예물을 보관하고 제례에 참가하는 제관들이 대기하면서 제사 준비를 하는 곳입니다.

전향축의(傳香祝儀)는 제향 하루 전 새벽에 왕이 궁궐 정전에서 제향에 쓸 향(香)과 축(祝: 축문)을 제관에게 전달하는 의례로 제관들은 향축을 종묘의 향대청으로 옮겨 모십니다.

향대청

《궁궐지》의 〈경희궁지〉에는 숙종이 대제 전날 경희궁에서 향축을 전하며 '직접 자정전의 남쪽 계단에 나아가서 겨울에 지내는 대제의 축문에 서명을 하고 제사가 끝나자 향과 축문을 전하면서(親臨資政殿南階署冬享大祭祝文訖仍傳香祝)'라는 시에서 다음과 같이 읊고 있습니다.

선왕들을 기리기 위해
아침 일찍 남쪽 섬돌에 나아갔네.
이러한 예식이 새로운 것이 아닌데도
오늘 아침 옛 법도를 배우네.
도와주는 신하들이 직접 받들어 모시고
근위병들이 나누어 호위하네.
일을 주관함에 정성이 부족한 것 같아
내 마음 마치 제사를 안 지낸 듯하네.

종묘 교육홍보관으로 사용하고 있는 향대청

신주를 모신 신주장 모형

현재 향대청은 2006년부터 종묘관리소에서 교육홍보관으로 사용하고 있습니다. 우리도 종묘 신실의 내부 구조가 어떻게 생겼는지 살펴볼까요.

신실 중앙에 놓인 신주장 안에는 세 겹의 욕석(褥席: 요)을 깔고 신주를 봉안합니다. 신주장 앞의 신탑 위에는 신주를 받치는 검은 안석(현칠곡궤玄柒曲几)을 놓았는데, 제향 때는 신주를 이 검은 곡궤 앞에 배치합니다.

신주는 잣나무로 만든 궤에 넣어 보관했습니다. 신주는 위가 둥글게 하고 몸체의 위아래 그리고 옆에 사방으로 통하는 둥근 구멍을 뚫어 놓았는데, 이는 왕이나 왕비의 혼령이 쉽게 들어와 의지할 수 있게 하기 위한 배려입니다. 옛사람들은 조상의 신주를 매우 중요하게 생각하여 '신주단지 모시듯한다'는 말이 여기에서 유래했습니다.

신주를 모신 신주장을 중심으로 서쪽에는 돌아가신 왕의 업적을 적은

신실 모형 설치

금책이나 옥책과 교명과 국조보감을 보관하는 책장을, 동쪽에는 금보(金寶)와 옥보(玉寶)를 넣어두는 보장(寶欌)을 배치했습니다. 신주장 앞의 신탑(탁자)에는 궤(곡궤)가 놓여 있고, 그 앞에 제상(祭床)이 있습니다. 제례를 지낼 때에는 신실 앞에 제상을 차리고, 양쪽에는 개(蓋) · 선(扇) 등의 의장구를 세웠습니다. 제향 때는 신탑 전면에 제상 4개를 붙여 놓고 제수를 차립니다. 제상 아래 바닥에는 작은 구멍이 있는데, 관지통(灌地桶)을 설치하고 뚜껑을 덮었습니다. 신실 판문 밖 퇴칸에는 제주(祭酒)를 올려놓는 보조 상으로 준상(樽床)을 따로 차렸는데, 이를 준소(樽所)라고 합니다.

신실 바닥의 관지통

❖ 종묘 신실의 내부 구조 및 기물의 종류

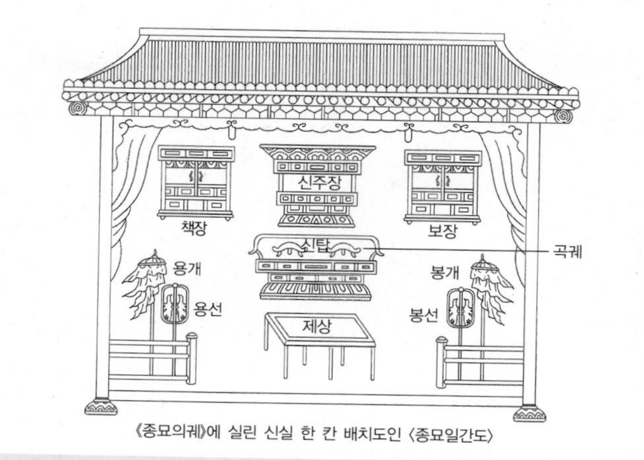

《종묘의궤》에 실린 신실 한 칸 배치도인 〈종묘일간도〉

- **신주장(神主欌)**: 신주를 모신 장
- **책장(冊欌)**: 옥책(왕 · 왕비), 죽책(세자 · 세자빈), 교명, 국조보감을 보관하는 장
- **보장(寶欌)**: 금보(왕 · 왕비), 은보(세자 · 세자빈)를 넣어두는 장
- **신탑(神榻)**: 제례 때 감실 밖으로 옮겨 신주를 모신 평상
- **곡궤(曲几)**: 제례 때 신주를 받치는 곡선 형태의 검은 안석(按席)
- **제상(祭床)**: 신을 위한 음식을 차린 상
- **관지통(灌地桶)**: 신실 바닥에 뚫어 놓은 구멍
- **개(蓋)**: 우산 모양의 의장으로 용개와 봉개가 있다.
- **선(扇)**: 용과 봉황을 그린 부채 모양 의장으로 용선과 봉선이 있다.

용선

봉선

향대청 앞의 오얏나무가 꽃을 피웠습니다.

향대청 담장

향대청에서 재궁으로 가는 길의 쓸쓸함이 느껴지는 날입니다.

재궁 가는 길

# 3 재궁, 몸과 마음을 살피다

{ 종묘 화첩을 펼치며… }

재궁의 어재실로 연결되는 삼도

## 재궁

항대청에서 북쪽으로 긴 숲을 지나면 재궁(齋宮)이 나옵니다. 이제는 점점 더 길 양쪽의 나무숲이 하늘을 가릴 만큼 우거져 있습니다. 외대문에서 출발한 삼도 중 어로와 세자로가 재궁의 정문으로 이어집니다.

재궁은 제례를 앞둔 왕과 세자가 목욕 재계(齋戒)하고 의복을 정제하는 등 제사 준비를 하던 곳입니다. 종묘제례가 있기 전, 왕은 7일간의 재계 기간을 갖습니다. 처음 4일은 산재(散齋)하는 기간으로 행동을 조심하고, 나

재궁의 남문

재궁의 남문과 어로

머지 3일은 치재(致齋)하는 기간으로 마음을 닦습니다. 이 기간 중에는 문병이나 문상을 하지 않고 주색을 끊고 몸을 깨끗하게 하는 것은 물론 나쁜 말을 하지 않고 나쁜 판결도 미루고 오직 종묘제사에 관한 일만 생각했습니다. 이렇게 왕은 제사를 주관하기 위해 몸과 마음이 모두 청정한 상태에서 신을 맞이하는 준비를 합니다.

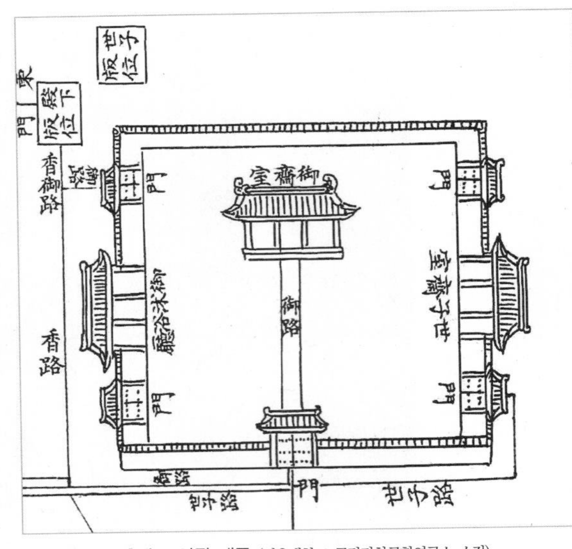


《종묘의궤속록》에 표시된 재궁 (서울대학교 규장각한국학연구소 소장)

## 어재실

남문을 들어서면 이어지는 어도와 맞닿은 북쪽에 임금이 머물던 어재실(御齋室)이 있습니다. 동쪽으로 세자가 머물던 세자재실, 서쪽에는 목욕을 하던 어목욕청이 있습니다. 목욕청이라는데, '왕이 이곳에서 실제로 목욕을 했을까' 하는 궁금증을 가지게 됩니다. 짐작으로는 제사에 나가기 전에 머리를 감거나 신체의 일부를 가볍게 닦고 몸을 정갈히 하는 의례로 대신하지 않았을까 싶습니다. 아무튼 왕은 제례 하루 전에 재궁으로 와서 경건한 마음으로 제례 준비를 했을 것입니다. 그리고 드디어 제사가 시작되기 전 왕은 이곳에서 ✿면복으로 갈아입고 정전으로 향했습니다.

어재실

✿ **면복**: 왕은 위용과 권위를 상징하는 대례복(大禮服)으로 오채옥(五彩玉)을 꿰어 앞뒤에 구류(九旒)를 늘어뜨린 면류관(冕旒冠)을 쓰고 구장면복(九章冕服)을 입었다. 구장복은 겉은 흑색, 안은 청색 천으로 지은 대례복이다. 웃옷[衣]의 양 어깨에는 용을 수놓고, 등에는 산, 양쪽 소매에는 세 가지 무늬-화(火: 불꽃무늬), 화충(華蟲: 꿩), 종이(宗彝: 술 그릇)-가 각 3개씩 들어가 있다. 하의[裳]에도 4가지 무늬-초(藻: 수초), 분미(粉米: 쌀), 보(도끼), 불(亞자형의 무늬)-를 수놓았다.
고종이 황제위에 오르면서 일·월·성신(星辰)의 문양이 추가된 십이장면복(十二章冕服)으로 바뀌었고 면류관도 12류로 바뀌었다. 십이장복의 웃옷 어깨에는 일(日)·월(月)을, 등에는 별(星辰)과 산(山), 양 소매에는 용(龍)과 화충(華蟲: 꿩)의 6가지 문양을 수놓고, 하의에는 종이(宗彝: 술잔)·화(火)·조(藻)·분미(粉米: 쌀)·보(도끼)·불(亞자형의 무늬)의 6가지 문양을 수놓았다. 왕은 종묘 제향에 면복 갖춤으로 패옥·대대·후수·폐슬·적말·적석을 착용하고, 방심곡령(方心曲領)을 목깃에 두른다. 그리고 규(圭)를 손에 잡는다.

■ **면복 갖춤**

**패옥(佩玉)**: 양 옆으로 늘이는 옥으로 엮은 장식품
**대대(大帶)**: 허리에 매는 끈으로 후수에 붙여 사용
**수(綬)**: 후수(後綬)라고도 하며 뒤로 늘어뜨리는 실로 짠 장식
**폐슬(蔽膝)**: 무릎 가리개
**적말(赤襪)**: 의례용 붉은 버선
**적석(赤舃)**: 의례용 붉은 신
**방심곡령(方心曲領)**: 백색 비단으로 만든 둥근 원 밑에 사각형 모양이 달린 장식으로 제관의 심신을 단정히 하는 표시로 목에 두른다.
**규(圭)**: 의례 때 손에 드는 산(山) 모양의 도구

붉은 버선 적말과 붉은 신 적석

폐슬

면복으로 갈아입은 황사손께서 어재실에서 대기하고 있습니다.

어재실 내부의《종묘친제규제도설병풍》

어재실 내부의 모란도 병풍

동쪽의 세자재실

서쪽의 어목욕청

재궁 동쪽은 전사청 가는 길로 이어집니다.

재궁 남쪽 담장의 가을

## 판위

재궁의 서문을 나와 삼도를 따라가면 정전의 동문으로 이어집니다. 동문으로 들어가기에 앞서 네모반듯한 정사각형 모양의 단이 두 개가 보입니다. 돌로 가장자리를 두르고 그 위에 검은 전돌을 깔아놓았는데, 이를 판위(版位)라고 부릅니다. 동문 앞에 한 단을 높이고 전돌을 깔아 놓은 판위는 왕과 세자가 정전에 들어가기 전에 멈춰 서는 자리입니다. 임금은 전하판위(殿下版位) 위에 서고, 세자는 세자판위(世子版位) 위에 서서 예를 갖

재궁의 서문을 나와 삼도를 따라 정전으로 가는 길

정전 동문 앞 전하판위와 세자판위

추게 됩니다.

왕은 제향 하루 전 문무백관을 거느리고 종묘에 도착하면 먼저 종묘에 인사드리는 망묘례(望廟禮)를 행했는데, 망묘례는 왕이 정전과 영녕전의 조상들께 인사를 드린 후 신실을 돌아보는 예를 행하는 일입니다. 이때 왕은 재궁에서 면복으로 갈아입고 동문 앞 판위에서 국궁사배의 예를 행했습니다. 이렇게 왕은 제례 전에 몸소 그 진행 상황을 점검했을 뿐 아니라 혼령이 편안하신지를 살피는 데까지 정성을 다했습니다.

그리고 제사 당일 축시가 되면 제례 준비를 마친 왕과 세자는 재궁의 서문을 나서 삼도를 따라 정전(正殿)의 동문으로 향했습니다. 동문까지 다다른 왕과 세자는 동문 앞의 판위에 멈춰 서서 잠시 예를 갖추고 정전으로 들어갑니다.

재궁 뒤편으로 가을이 깊어갑니다.

재궁과 정전 건너편의 가을 숲

# 4 전사청, 신을 위한 음식을 준비하다

감나무가 있는 전사청 바깥 풍경입니다.

# 전사청

정전의 동북쪽에 제사 음식을 준비하는 전사청이 있습니다. 원래 영녕전에도 전사청이 있었으나, 현재는 정전의 전사청만 남아 있습니다. 평상시에는 제례에 쓰일 제물과 제기 등 제사 도구들을 보관하고, 제례가 있을 때는 제사 음식을 만드는 곳입니다. 부엌 역할을 했기 때문에 부엌 '주(廚)'를 써서 '신주(神廚)'라고도 부릅니다. 마당을 중심으로 주위에 'ㅁ'자 형으로 건물을 배치했고, 행각에는 온돌과 마루방이 있습니다.

소나무 숲 사이로 바라본 전사청 영역

전사청 앞마당

마당에는 제수를 준비하던 돌절구 등의 흔적이 남아 있습니다. 가을이면 전사청 앞의 감나무에 감이 탐스럽게 익어가는 것을 보면서 이 감을 따서 제항에 올리는 건 어떨까 하는 생각도 해봅니다. 그러나 일반 사가에서는 '조율이시(棗栗梨柿)'로 감을 제상에 놓지만, 종묘제례에는 감을 놓지 않았습니다. 요즈음 가을에 지내는 추항대제는 11월이니까 아마도 그때쯤은 이 감나무의 감이 잘 익어서 신에게 올릴 제철 과일로 좋을 듯하여 해보는 말입니다.

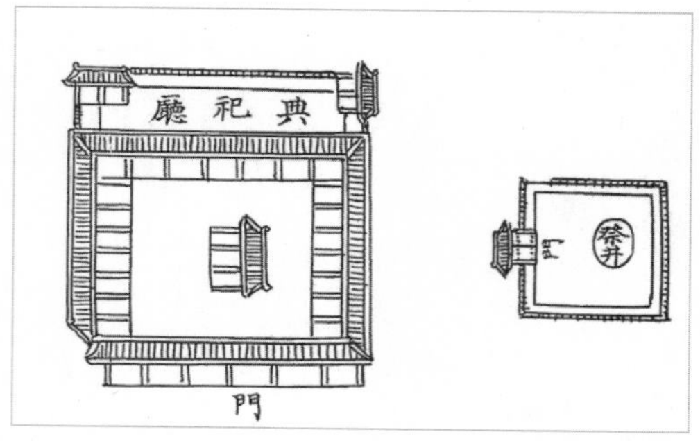


《종묘의궤속록》에 표시된 전사청 (서울대학교 규장각한국학연구소 소장)

전사청 문에서 바라본 내부

전사청 안

전사청 앞마당 감나무에 쌓인 눈이 겨울의 운치를 더해줍니다.

전사청 앞마당의 감나무

## 찬막단과 성생위

전사청 앞에는 돌로 쌓고 전돌을 덮은 단이 두 개 있습니다. 높고 큰 단은 찬막단(饌幕壇)으로 전사청에서 조리한 제수를 제상에 진설하기 전에 놓던 곳입니다. 찬막단 옆에 있는 작은 단은 성생위(省牲位)로, 왕이 단 위에 서서 제사에 쓰일 소와 양 그리고 돼지를 도살하기 전 조상께 올릴 희생들이 살찌고 제물로 충실한지 상태를 검사하던 곳입니다.

왕은 제사 전날 새벽 궁궐에서 향축을 전하고 아침 수라를 드신 후에 종묘에 와서 정전과 영녕전에 봉심을 한 후 제기가 깨끗하게 준비되었는

전사청 바깥 마당의 찬막단과 성생위

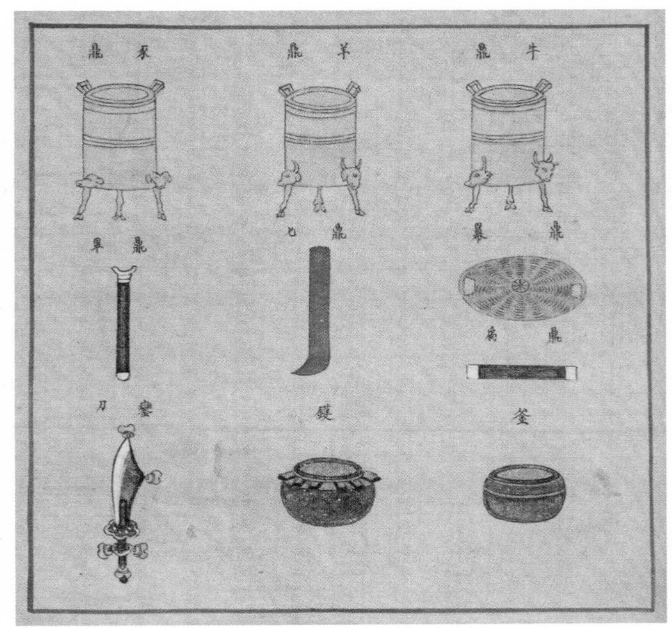

《종묘친제규제도설병풍》 제6폭 〈오향친제설찬도〉 (국립고궁박물관 소장)
종묘제례 때 전사청의 제기를 그린 병풍 그림

삶은 소, 양, 돼지고기를 담는 세발 솥 (국립고궁박물관 소장)
세 개의 발은 소, 양, 돼지의 머리와 발 모양으로 장식되어 있다.

우정(牛) 양정(羊) 시정(豕)

지 살피고, 미시 3각(낮 1시 45분경)에 희생의 상태를 살폈습니다. 이 성생 의식이 통과되면 신시(申時) 1각(낮 3시 15분경)에 전사관이 재인(宰人)을 거느리고 손잡이와 칼끝에 방울이 5개 달린 난도를 사용하여 희생을 벱니다. 궁(宮)과 상(商)이 조화한 후에 희생을 벤다고 하여 칼끝에 달린 두 개의 방울은 궁성(宮聲)과 상성(商聲)에 맞고, 손잡이 고리에 달린 세 개의 방울은 각성 · 치성 · 우성에 맞아서 서로 궁상각치우의 화음을 이루기에 신으로 하여금 그 즐거움을 더하기 위해 난도를 사용하였다고 합니다.

실록에 의하면 영조 21년(1745) 왕이 태묘에 나아가 희생을 살폈는데, 왕이 희생을 살피는 자리에 나아가 남향(南向)하고 서니 여러 관원들은 소를 대충 보고 살쪘다고 했고, 영조는 "소가 살찌지 못하였다"라고 했습니다. 관원들이 제례에 쓸 희생의 상태를 대충 살피자, 왕은 조상께 올릴 제물로 쓰기에 소의 상태가 흡족하지 않다고 한 것입니다. 예조 판서 조상경이 "검은 소는 원래 몸집이 큰 것이 없으니, 몸집은 비록 살찌지 않았으나 깨끗하면 쓸 수 있습니다"라고 변명했고, 왕은 결국 처분이 지나치다고 항의하는 도승지 이익정의 말도 물리치고 책임자인 좌의정을 파직시키고, 희생을 잡는 장생령은 섬으로 유배를 보내라고 처분했습니다.

왕은 이렇게 제사에 올릴 희생을 살피고는 제사에 참석하지 않고 궁궐로 돌아갔습니다. 이날 실록 기사에는 "임금이 장차 환궁하면서 친히 시(詩) 한 수(首)를 지어 망묘루(望廟樓)에 걸었는데, 시 가운데 제사에 참여하지 못하는 애타는 심정을 말하였으니, 효사(孝思)의 돈독함이 이와 같았다"고 영조의 효심을 그리고 있습니다. 그러나 영조가 희생을 살피면서 제대로 임무를 다하지 못한 관리들을 질책하고 죄를 묻는 처분을 한 뒤 신성한 제사에 참석하기가 꺼려졌기 때문이 아니었을까 하는 생각도 듭니다. 아무튼 이후 왕들이 직접 희생을 살피면서 자손으로서 조상께 올리는 제사에 정성을 보였던 것입니다.

● 영조 21년(1745) 4월 7일 1번째 기사

임금이 태묘(太廟)에 나아가 희생(犧牲)을 살폈는데, 친히 임하여 희생을 살피는 것은 이로부터 시작되었다. 좌의정 송인명의 관직을 특별히 파하였다. 임금이 친압(親押)을 마치고 향축(香祝)을 받들어 친히 헌관(獻官)에게 전하고, 인하여 익선관(翼善冠)·곤룡포 차림으로 태묘에 나아가 면복(冕服)으로 갈아입고 사배례(四拜禮)를 행하였다. 봉심(奉審)과 그릇 살피는 것을 의례대로 행하고, 그 다음에 영녕전(永寧殿)에 나아가서도 역시 그렇게 하였다.

원유관(遠遊冠)·강사포(絳紗袍) 차림으로 갈아입고 희생을 살피는 자리에 나아가 남향(南向)하고 서니, 장생령이 그 무리를 거느리고 희생을 이끌고 동쪽으로 조금 나와 손을 들어 살졌다고 고하고 다시 자리로 돌아왔다. 여러 대축(大祝)이 각기 순행하여 살펴보면서 서쪽을 향해 한 바퀴 돌면서 손을 들어 충실하다고 고하고 모두 자리로 돌아왔다.

임금이 말하기를, "소가 살지지 못하였다" 하니, 예조 판서 조상경이 말하기를, "살지지 않았으면 물리게 하리까?" 하니, 임금이 말하기를, "임금의 직책은 희생을 살피는 데 있지 희생을 받는 데 있지 않다" 하였다. 헌관 송인명이 말하기를, "우리나라의 검은 소는 원래 몸집이 큰 것이 없으니, 몸집은 비록 살지지 않았으나 깨끗하면 쓸 수 있습니다" 하니, 하교하기를, "이번의 이 예(禮)는 관첨(觀瞻)하기 위한 것이 아닌데 친히 살피는 것이 이러하니, 섭행(攝行)은 알 수 있는 것이다. 대관(大官)이라 하여 용서해서는 안 되니, 해당 헌관을 파직하고, 해당 예조의 당상과, 해당 관서의 제조(提調)는 삭직(削職)하고, 소를 이끌고 와 살졌다고 고하여 면전에서 임금을 속인 장생령은 빨리 도배(島配)의 법을 시행하도록 하라" 하였다. 도승지 이익정이 말하기를, "처분이 너무 지나칩니다." …하략…

# 제정

제정(祭井) 은 전사청의 동쪽에 있습니다. 제례 때 사용하는 명수(明水)와 전사청에서 제수 음식을 만들 때 사용하는 물을 긷던 우물입니다. 낮은 담장을 쌓아 우물이 밖에서 보이지 않게 가리고 작은 문을 통해 들어가게 해서 제례에 사용되는 물을 소중하게 관리했음을 알 수 있습니다. 이 우물은 아무리 가물어도 물이 마르지 않았다고 전해집니다.

제정

제례에 사용하는 물을 소중하게 관리했던 제정입니다.

## 수복방

수복방(守僕房)은 정전 동문의 담에 잇대어 북쪽에 지어진 4칸짜리 맞배지붕 건물입니다. 수복(守僕)이란 조선시대 종묘서(宗廟署)나 향실을 관장하던 교서관을 비롯해 단(壇)·능·궁 등에 소속되어 청소하는 일을 담당한 잡직을 일컫는 말입니다. 수복방은 제사를 준비하는 관원들과 종묘를 지키고 청소하며 제사를 준비하는 일을 하는 사람들이 거처하는 곳이었습니다.

수복방

정전의 동문 담에 잇대어 있는 수복방입니다.

# 5 정전, 조상의 신위를 모시다

사고석을 단정히 쌓아 올린 정전 외담은 사뭇 숙연합니다.

## 신문

정전(正殿)의 정문은 신을 위한 문으로서 신문(神門)이라고 하고 남문(南門) 또는 남신문(南神門)으로 부릅니다. 제향의 절차에 따라 제례를 행하는 사람 외에는 왕을 비롯한 어느 누구도 가운데 신문으로 출입할 수 없습니다. 동문, 서문과 달리 신문의 위는 홍살로 되어 있어서 신이 출입하는 신성한 곳임을 상징합니다.

정전의 남신문

정전의 외담

동문은 왕을 비롯한 헌관, 제관 및 종척(宗戚 왕의 종친과 외척)들이 제사를 지내기 위해 출입하는 문으로 재궁에서부터 어로가 연결되어 있습니다. 동문 바로 앞에는 왕과 세자의 판위가 있습니다.

서문은 동문이나 남문에 비해 한 칸 문으로 작은 협문인데, 악공이나 일무원(佾舞員)들이 들고나는 문입니다. 광해군 즉위년에 중건된 후 정전의 증축에 따라 옮겨 간 남문이나 동문과 달리 그 자리를 지키고 있습니다. 여러 차례의 정전 증축에도 자리를 지킨 가장 오래된 문입니다.

정전 동문의 봄

정전 동쪽의 소나무 숲입니다.

정전 동문의 소나무

서문은 악공과 일무원들이 출입하는 작은 문입니다.

정전 서문의 가을

남문에 들어서서 바라보는 정전은 엄숙한 분위기로 다가옵니다.

## 월대

이제 남문 쪽으로 가서 종묘 정전을 정면에서 바라보실까요?

상월대 위에 우뚝 세워진 정전을 바라보는 순간 말을 잃게 하는 무언가는 그 상황에 접하지 않고는 말로 설명하기 힘듭니다. 정전 마당의 구성은 외대문에서 따라온 신로가 신문에 다다르고 정전의 월대 · 기단 · 담장 등 필요한 요소로만 구성되어 일체의 장식과 기교를 거부합니다. 이처럼 종묘 건축은 불필요한 장식을 최대한 배제하고 단순한 단청이나 절제된 문양으로 종묘를 엄숙하고 경건한 분위기로 만들고 있습니다.

상월대 계단 소맷돌

상월대 동쪽 계단과 하월대 계단

정전 앞의 월대는 상월대와 하월대 2중으로 구성되어 있으며, 동서 109미터, 남북 69미터로 다른 곳에서는 볼 수 없는 가장 큰 월대입니다. 남문 안쪽에서 정전을 바라보면 그 길고 긴 정전 건물이 높은 월대 위에 우뚝 서 있는 모습에서 초월적인 신성성을 느끼게 합니다.

상월대 소맷돌의 구름 문양

종묘 월대는 궁궐의 전각에 딸린 월대보다 훨씬 커서 그 자체가 대단한 구조물로 제례가 펼쳐지는 매우 신성한 공간입니다. 동쪽 월랑 밑의 가운데 계단 소맷돌에는 생생한 구름이 예쁘게 조각되어 있습니

정전 동북쪽 계단 밑의 소차

다. 구름을 타고 오색 무지개 다리를 건너 정전 월대의 천상(天上)에 이르게 하는 장치입니다. 이는 정전이 하늘의 공간이라는 의미인데, 신실 안에는 오색 구름 문양을 새겨 놓았습니다.

정전 동북쪽 계단 밑에는 소차 설치를 위한 방형의 단이 조성되어 있습니다. 이곳은 종묘제례 때 왕이 중간 중간 대기하며 쉴 수 있도록 임시 공간을 마련해 놓는 곳입니다.

장대석으로 쌓은 넓은 월대의 윗면은 박석(薄石)을 깔았고, 곳곳에 차일(遮日) 고리가 박혀 있습니다. 종묘 월대의 박석은 궁궐의 박석보다 조금 더 거친 느낌을 줍니다. 월대의 지면을 살펴보면 하월대의 후면(북쪽)이 전면(남쪽)보다 약간 높고 중앙보다 좌우가 낮아서 약간 불룩한 형상입니다. 물 빠짐이 쉽게 약간의 경사면을 둔 것입니다.

정전의 넓은 월대 중앙에 길게 이어지는 신로는 검은 전돌을 깔아 놓은 길로 정전 신실에 이르는 상월대의 태계(太階: 가운데 계단)에 닿아 있습니다.

하월대의 박석과 차일 고리

하월대의 수조

정전의 신로

신로는 제사 때 신께 올리는 익힌 고기를 들고 가고, 부묘할 때 신주가 가마(신여神輿)에 모셔져서 신실에 이르는 신의 길입니다. 신로의 동쪽에는 전돌을 깐 방석 모양의 네모난 단이 있는데, 부알위(祔謁位: 합사를 아뢰는 자리)라 부릅니다.

왕의 승하 후 27개월째 담제를 마치고(탈상), 좋은 날을 택해서(길제) 신주를 종묘에 모시는 부묘례를 거행하는데, 이때 신주를 모신 신여가 신문을 통과하여 태실로 바로 들어가지 않고 열성조에 부알(부묘)을 먼저 아뢰기 위하여 이곳에 잠시 멈추어 내려놓았습니다.

하월대의 부알위

● 세종 6년(1424) 3월 1일 3번째 기사

예조에서 계하기를, "삼가 옛날 법제를 상고하건대, 《예기禮記》 단궁주(檀弓註)에 진씨(陳氏)가 말하기를, '삼년상(三年喪)이 끝나면 사시 길제(四時吉祭)를 당하여 신주(神主)를 받들어 사묘(祠廟)에 들여간다' 하였으니, 이제 태종 공정대왕(太宗恭定大王)의 삼년상이 끝난 뒤 7월에는 종묘의 추향대제(秋享大祭)가 거행하게 될 것이니, 청하건대 이 제사에서 공정대왕과 원경왕후의 신주(神主)를 부(祔)하소서" 하니, 아뢴 대로 행하게 하였다.

## 4대조를 모시다

1392년 조선왕조가 개국한 직후 태조는 개경에 효사관(孝思觀)을 세워 추존 4대 왕을 임시로 모셨습니다.

● 태조 1년(1392) 7월 28일 2번째 기사
사대(四代)의 존호(尊號)를 사후(死後)에 올렸으니, 고조고(高祖考)는 목왕(穆王)이라 하고, 비(妣) 이씨(李氏)는 효비(孝妃)라 하였으며, 증조고(曾祖考)는 익왕(翼王)이라 하고, 비(妣) 최씨(崔氏)는 정비(貞妃)라 하였으며, 조고(祖考)는 도왕(度王)이라 하고, 비(妣) 박씨는 경비(敬妃)라 하였으며, 황고(皇考)는 환왕(桓王)이라 하고, 비(妣) 최씨는 의비(懿妃)라 하였다.

종묘의 정전은 처음 7칸의 태묘로 창건되었습니다. 태조 4년(1395) 9월에 동당이실(同堂異室)로 태실(太室) 7칸 안에 신실(神室) 5칸을 만들고 동서에 협실(夾室) 각 2칸의 종묘를 영건하고 태묘(太廟)라 하였습니다. 신실 5칸은 석실(石室: 돌로 만든 신실)로 만들어 시조와 4대조를 모시는 5묘로 사용하고 2칸의 협실을 둔 것입니다. 태조는 종묘를 완공한 뒤 개경에 모셨던 목왕, 익왕, 도왕, 환왕의 신주를 이안제 거행 후 새 종묘에 모셨습니다. 이후 태종 11년(1411) 태조의 4대조를 목조, 익조, 도조, 환조로 존호를 가상했습니다.

● 태조 4년(1395) 9월 29일 6번째 기사
이달에 대묘(大廟)와 새 궁궐이 준공되었다. 대묘(大廟)의 대실(大室)은 7간(間)이며당(堂)은 같게 하고 실(室)은 따로 하였다. 안에 석실(石室) 5간을 만들고 좌우의 익랑(翼廊)은 각각 2간씩이며, 공신당(功臣堂)이 5간, 신문(神門)이 3간, 동문이 3간, 서문이 1간이었다. 빙둘러 담장을 쌓고 신주(神廚)가 7간, 향관청(享官廳)이 5간이고, 좌우 행랑이 각각 5간, 남쪽 행랑이 9간, 재궁(齋宮)이 5간이었다.

● 태종 11년(1411) 4월 22일 임자 1번째 기사
종묘(宗廟)의 4실(四室)에 존호(尊號)를 가상(加上)하였으니, 목왕(穆王)의 시호(諡號)를 인문성목대왕(仁文聖穆大王), 묘호(廟號)를 목조(穆祖)라 하고, 효비(孝妃)의 시호(諡號)를 효공왕후(孝恭王后)라 하였으며, 익왕(翼王)의 시호는 강혜성익대왕(康惠聖翼大王), 묘호는 익조(翼祖)라 하고, 정비(貞妃)의 시호는 정숙왕후(貞淑王后)라 하였으며, 도왕(度王)의 시호는 공의성도대왕(恭毅聖度大王), 묘호는 도조(度祖)라 하고, 경비(敬妃)의 시호는 경순왕후(敬順王后)라 하였으며, 환왕(桓王)의 시호는 연무성환대왕(淵武聖桓大王), 묘호는 환조(桓祖)라 하고, 의비(懿妃)의 시호는 의혜왕후(懿惠王后)라 하였다.

남문에서 바라본 정전

정전

## 종묘의 제도

종묘의 제도는 고대 중국의 주나라 제도에 그 기원을 두고 있습니다. 《예기》에 따르면 "천자는 6대조까지와 자신을 포함하여 7묘제를, 제후는 4대조까지와 자신을 포함하여 5묘제를 택한다"고 했습니다. 조선왕조의 경우 제후국으로서 5묘, 즉 시조와 당대 군주의 4대조를 모시는 것을 제도로 삼았습니다. 일반 가정에서는 5대가 넘으면 위패를 태우고 1년에 한 번 합동으로 지내는 시제(時祭)로 대체합니다. 그러나 5대조가 지난 군왕의 신주를 차마 태울 수가 없어 별도의 사당을 짓고 신주를 옮기게 되는데, 이를 '별묘제'라 부르릅니다. 이는 중국 송나라에서 행하던 예법이었습니다.

그러나 후대 왕의 수가 증가하면 무한정 별묘를 더 지을 수는 없었습니다. 따라서 후한 대에 예법이 바뀌어 하나의 건물 안에 기둥과 기둥 사이에 발을 내려 칸을 막아 여러 개의 사당을 두는 '동당이실(同堂異室)'제를 택하게 된 것입니다.

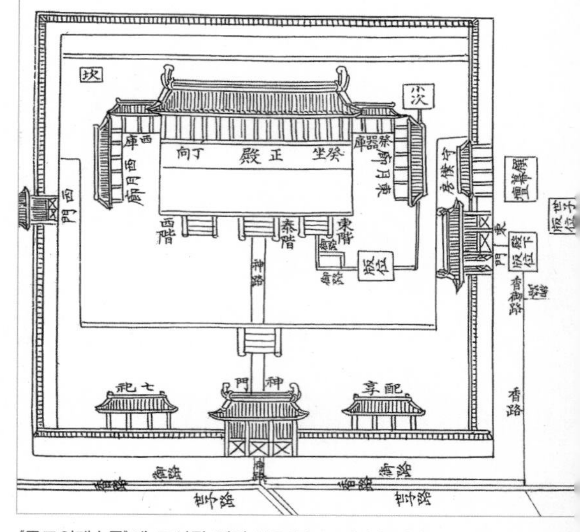

《종묘의궤속록》에 표시된 정전 (서울대학교 규장각한국학연구소 소장)

## 종묘의 증축

태조 때 7칸의 단출한 규모로 지었던 종묘의 신실 증축 문제가 처음 제기된 것은 세종 때입니다. 세종 1년(1419), 정종이 승하하니 4대조와 태조까지 5위의 신위를 모시고 있던 정전 신실 5칸으로는 부족하게 되었습니다. 이에 세종은 중국 송나라의 별묘제도를 본받아 태묘 서쪽에 영녕전(永寧殿)을 창건하고 목조의 신위를 옮겼습니다. 세종 때 영녕전이 4칸의 신실로 구성된 것은 익조, 도조, 환조의 이안을 염두에 둔 것입니다. 이후 역대 왕의 신위는 정전(태묘)에 부묘되었다가 친진(親盡: 제사를 모시는 대수가

종묘 증축 연표

| 연도 | 정전 | 영녕전 | 개요 |
|---|---|---|---|
| 태조 4년<br>(1395) | 정전 7칸<br>좌우 익실 각 2칸 | | 종묘 창건 |
| 세종 3년<br>(1421) | | 정전 4칸<br>좌우 협실 각 1칸 | 영녕전 창건 |
| 명종 1년<br>(1546) | 정전 11칸<br>좌우 익실 각 2칸 | | 정전 태실 4칸 증축 |
| 광해군 원년<br>(1608) | 정전 11칸<br>좌우 익실 각 2칸 | 정전 4칸<br>좌우 협실 각 3칸 | 중건 |
| 현종 8년<br>(1667) | | 정전 4칸<br>좌우 협실 각 4칸 | 영녕전 기존 좌우 협실 훼철 후 동서 각 1칸 씩 증축 |
| 영조 2년<br>(1726) | 정전 15칸<br>좌우 익실 각 2칸 | | 정전 태실 동쪽으로 4칸 증축 |
| 헌종 2년<br>(1836) | 정전 19칸<br>좌우 익실 각 2칸 | 정전 4칸<br>좌우 협실 각 6칸 | 정전 태실 동쪽으로 4칸 증축<br>영녕전 협실 동서로 각 2칸 증축 |

서쪽에서 바라본 정전 뒤편

끝남)되면서 영녕전으로 조천(祧遷)하였습니다.

그러나 공덕이 있는 왕은 불천위(不遷位=世室)로 정하여 영녕전으로 조천하지 않았습니다. 시간이 지나면서 신실의 수요가 점차 증가하여 명종 때에 다시 한계에 부딪히게 되었습니다. 정전과 영녕전 모두 선왕들의 신위로 꽉 차버렸기 때문입니다. 이에 따라 일정한 봉안 원칙이 세워지게 되었습니다. 즉 "5대가 지난 왕은 원칙적으로 정전에서 영녕전으로 신위를 옮겨 봉안한다. 그러나 태종이나 세종과 같이 공덕이 뛰어난 선왕의 신주는 옮기지 않고 영구히 정전에 봉안한다. 또 덕종이나 장조와 같이 실제 보위에는 오르지 못하고 세상을 떠난 세자들도 추존하여 왕으로 봉안한

동쪽에서 바라본 정전 뒤편

다. 그리고 정전 내 가장 서쪽에서부터 선왕의 순으로 신위를 모신다"라고 했습니다. 이처럼 까다로운 법식을 따라가며 종묘의 건물들은 몇 차례의 증축을 거치게 됩니다.

그러나 선조 25년(1592) 5월 임진왜란이 일어나 왜병에 의해 궁궐과 함께 정전과 영녕전이 전소되었습니다. 선조가 다급한 피난 중에도 종묘의 신주를 수습하여 몽진(蒙塵: 임금이 난리를 피하여 안전한 곳으로 감)함으로써 조선 왕실의 신주가 보존되었습니다. 이듬해 한양으로 환도한 선조는 정릉동 월산대군의 저택을 행궁으로 삼아 거처하고, 신주는 정릉동 심연원(명종 때 영의정)의 집에 모셨다가 흥인문 밖 권안소(權安所)를 마련하여 모셨습니다.

증축의 경계를 보여주는 정전 뒷담

선조 41년(1608) 1월, 그동안 전후의 궁핍한 재정이 아직 회복하지 못한 이유도 있었으나 길년(吉年)을 기다려 종묘 재건 공사에 착수하여 전쟁 전의 규모로 광해 원년 5월에 새 종묘를 완공하였습니다. 그 후 현종, 영조, 헌종 때 다시 종묘를 증축하여 지금의 모습으로 정착하게 되었습니다. 현재 좌우로 긴 종묘 정전의 모습은 이렇게 여러 차례에 걸친 증축에 의해 만들어진 것입니다.

종묘 증축의 흔적을 찾아보면 상월대 갑석 기단의 물끊기 흔적이 몇 군데 다르게 나타나고, 월대가 늘어남에 따라 계단을 이전한 흔적이 보입니다. 그 외에도 정전 초석 형태가 조금 다릅니다. 동익실과 동월랑 기둥들이 민흘림과 배흘림이 섞여 있어 증축 때에 옛 부재를 그대로 사용한 것과 교체한 것을 알 수 있습니다. 정전 뒷벽의 전돌을 쌓은 모습도 증축 전후를 경계로 서로 다르며, 경계 부분이 거칠게 처리되어 있습니다.

정전 동쪽 뒷담 석축

마치 신의 군대가 열병한 것처럼 보이는 신실 앞의 퇴칸입니다.

## 정전 들여다보기

종묘 정전은 기단 위에 둥글게 다듬은 돌 초석을 놓아 기둥(원주圓柱)을 세우고 기둥 위에는 주두(柱頭)를 놓고, 익공(翼工: 첨차檐遮 위에 얹혀 있는 짧게 조각한 나무) 두 개와 첨차(檐遮: 삼포三包 이상의 집에 있는 꾸밈새)로 짜 올린 이익공식(二翼工式) 집입니다. 처마는 홑처마에 맞배지붕을 이루고 전면 반 칸은 퇴(退)로 모두 개방하였습니다.

정전 제례

정전은 제례가 행해지는 공간입니다. 건물 전면은 제사를 올리기 위해 제주(祭酒)를 놓는 준상이 놓이는 퇴칸을 두고, 내부는 벽체와 문으로 가려 어둡게 했습니다. 신실 내부를 신을 위한 어둠의 공간으로 만들어 엄숙하고 장중한 침묵을 연출해내고 있습니다.

동쪽 계단을 올라 월대 위에서 정전을 측면으로 바라보면 신실 앞의 퇴칸에 수직으로 선 기둥들이 겹쳐지는 풍경은 장중함 그 자체입니다. 검붉은 석간주칠을 한 기둥이 도열해 있는 모습은 마치 신의 군대가 열병을 하는 것 같은 착각을 불러일으킵니다.

종묘 정전에는 열아홉 분의 왕과 서른 분 왕후의 신주를 모셨습니다. 넓은 월대 위에 세워진 정전은 신주를 모신 19칸의 신실이 있고, 양쪽 끝에는 각각 2칸의 협실(夾室: 주 건물의 양쪽 끝에 이어지은 방)이 있습니다. 그리고 협실 앞으로는 동서 월랑(月廊)이 각각 5칸으로 구성되어 있습니다. 동서 월랑 각 5칸은 태종 때 제례 시 눈이나 비를 피할 수 있는 공간으로 만들었습니다. 그리고 후대에 서월랑 5칸을 창고로 고쳐 현재 제기고로 사용하고 있습니다. 종묘 정전의 신실 용마루의 길이는 70미터이고 좌우 협실과 월랑까지는 총 101미터나 됩니다. 세계적으로도 매우 길고 보기 드문 건축 양식을 하고 있으며, 정전 건물 외부는 담장이 둘러져 있어서 독립된 공간으로 신성한 영역의 느낌이 매우 강합니다.

## 정전의 신실

정전의 외부 단청은 단순한 주칠(석간주 붉은색) 마감을 하고 마무리 부분은 녹색으로 칠하여 극도로 색채를 절제(가칠단청: 단청 중 가장 간단한 가칠은 무늬 없이 단색으로 칠하는 것으로 종묘 건축이 대표적이다)하였습니다. 종묘 신실은 각 칸마다 큰 판장문 두 짝씩을 안여닫이로 달았으며, 중앙 칸에는 밖에서 빗장을 걸었습니다. 각 실의 두 짝 문을 잘 들여다보면 문의 아래위가 틀어진 것처럼 제대로 닫히지 않았는데, 이는 신실의 통풍을 위해 문짝의 상방과 하방 안쪽에 쐐기를 박아 일부러 문의 틈새가 벌어지도록 했습니다.

종묘의 신실은 동당이실(同堂異室)제도를 적용한 건물에 서쪽을 상위로 하여 신주를 모시는 서상(西上)제도로 배치했습니다. 각 신실의 구조는 매우 단순합니다. 제일 안쪽에 신주를 모신 감실이 있고, 그 앞에 제사를 지낼 공간이 마련되어 있으며, 그 앞으로 두 짝 판문이 설치되고 문 밖으로 퇴칸이 있습니다.

정전의 내부가 하나로 통하는 긴 상자 형태의 건물이기 때문에 기둥과 기둥 사이에 발을 늘어뜨려 실을 나누고 있습니다. 신실이 천상의 세계임을 상징하기 위하여 신실 앞면 위에 닫집을 설치하고 화려한 단청으로 오색구름 문양을 새겨 놓아 운궁(雲宮)을 만들었습니다. 그리고 닫집 밑의 신주장 앞에도 발을 드리우고 앞쪽으로 황색 명주(비단) 면장을 쳐서 마치 생전의 침전같이 꾸몄습니다.

(전주이씨대동종약원 소장)

신실 내부 신주장의 모습입니다.

정전 내부 신실의 위계는 서상제도(西上制度)를 따랐습니다. 서쪽을 상위(上位)로 하여 서쪽으로부터 첫 번째 신실에 태조(太祖)의 신위를 모시고 다음 차례에 불천위를 모셨습니다. 그리하여 두 번째 신실부터 차례로 3대 태종, 4대 세종, 7대 세조, 9대 성종, 11대 중종, 14대 선조, 16대 인조, 17대 효종, 18대 현종, 19대 숙종, 21대 영조, 22대 정조, 23대 순조, 추존왕 문조(익종, 효명세자), 24대 헌종, 25대 철종, 26대 고종, 27대 순종의 순으로 모셔져 있습니다.

신실 내부 (전주이씨대동종약원 소장)

❖ 정전 신실 배치

| 묘실(廟室) | 제왕 | 왕후 |
|---|---|---|
| 제1실 | 태조고황제(太祖高皇帝) | 신의고황후(神懿高皇后) 한씨<br>신덕고황후(神德高皇后) 강씨 |
| 제2실 | 태종대왕(太宗大王) | 원경왕후(元敬王后) 민씨 |
| 제3실 | 세종대왕(世宗大王) | 소헌왕후(昭憲王后) 심씨 |
| 제4실 | 세조대왕(世祖大王) | 정희왕후(貞熹王后) 윤씨 |
| 제5실 | 성종대왕(成宗大王) | 공혜왕후(恭惠王后) 한씨<br>정현왕후(貞顯王后) 윤씨 |
| 제6실 | 중종대왕(中宗大王) | 단경왕후(端敬王后) 신씨<br>장경왕후(章敬王后) 윤씨<br>문정왕후(文定王后) 윤씨 |
| 제7실 | 선조대왕(宣祖大王) | 의인왕후(懿仁王后) 박씨<br>인목왕후(仁穆王后) 김씨 |
| 제8실 | 인조대왕(仁祖大王) | 인렬왕후(仁烈王后) 한씨<br>장렬왕후(莊烈王后) 조씨 |
| 제9실 | 효종대왕(孝宗大王) | 인선왕후(仁宣王后) 장씨 |
| 제10실 | 현종대왕(顯宗大王) | 명성왕후(明聖王后) 김씨 |
| 제11실 | 숙종대왕(肅宗大王) | 인경왕후(仁敬王后) 김씨<br>인현왕후(仁顯王后) 민씨<br>인원왕후(仁元王后) 김씨 |
| 제12실 | 영조대왕(英祖大王) | 정성왕후(貞聖王后) 서씨<br>정순왕후(貞純王后) 김씨 |
| 제13실 | 정조선황제(正祖宣皇帝) | 효의선황후(孝懿宣皇后) 김씨 |
| 제14실 | 순조숙황제(純祖肅皇帝) | 순원숙황후(純元肅皇后) 김씨 |
| 제15실 | 문조익황제(文祖翼皇帝)<br>-효명세자 추존 | 신정익황후(神貞翼皇后) 조씨 |
| 제16실 | 헌종성황제(憲宗成皇帝) | 효현성황후(孝顯成皇后) 김씨<br>효정성황후(孝定成皇后) 홍씨 |
| 제17실 | 철종장황제(哲宗章皇帝) | 철인장황후(哲仁章皇后) 김씨 |
| 제18실 | 고종태황제(高宗太皇帝) | 명성태황후(明成太皇后) 민씨 |
| 제19실 | 순종효황제(純宗孝皇帝) | 순명효황후(純明孝皇后) 민씨<br>순정효황후(純貞孝皇后) 윤씨 |

* 문조 : 15실의 문조는 순조의 아들이자 헌종의 아버지였던 효명세자로 헌종이 익종으로 추존했다가 고종이 문조로 묘호를 바꾸었다.
* 고종 황제 즉위 후 태조와 직계 윗 선대인 정조부터 황제로 추존했다.

가을이 짙어지면 고즈넉한 종묘의 시간도 깊어갑니다.

# 국상

종묘의 제도를 이해하기 위해서 우선 왕의 죽음(국상國喪)으로부터 접근을 해볼까요? 상장례는 흉례(凶禮) 중 하나로 상례(喪禮)와 장례(葬禮)를 합친 말입니다. 상례는 3년의 복상 기간 중 행하는 모든 의례를 뜻하고, 장례는 그중에서 특히 시신을 땅에 묻어 무덤을 조성하는 일체의 의례를 일컫습니다. 조선에서는 유교식으로 상장례가 엄격하게 치러졌는데, 왕과 왕비의 상장례에 대한 모든 의절은 ✿《국조오례의國朝五禮儀》에 수록되어 있습니다.

유교의 사생관에서 사람의 죽음을 '돌아가셨다'고 표현합니다. 혼(魂)은 하늘로 가고 백(魄)은 땅으로 돌아간다는 의미입니다. 부모가 돌아가신 후 사람들은 제례를 통해 효(孝)를 표현했습니다. 《국조오례의》에 의하면 삼

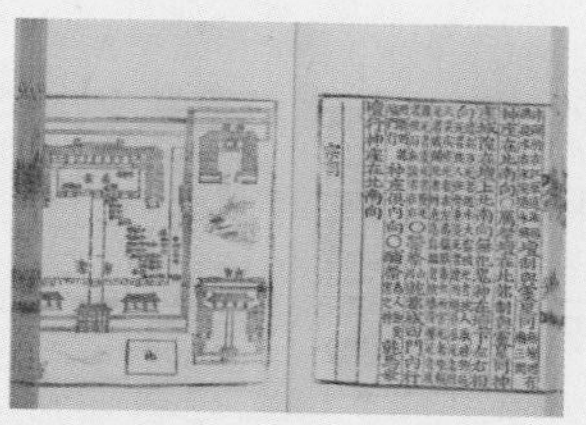

✿ **《국조오례의》**: 조선시대 다섯 가지 의례에 대하여 규정한 책이다. 처음에 세종실록과 동시에 편찬이 시작되었으나, 성종 때인 1474년 최종적으로 완성되었다. 오례는 길례(吉禮)·가례(嘉禮)·빈례(賓禮)·군례(軍禮)·흉례(凶禮)가 그 다섯 가지의 예(禮)이고, 이 5례의 종류와 그에 합당한 의식(儀式)을 정리해 놓은 것이다. 세종실록 부록에는 제작 동기를 나타내는 서문과 각 의례마다 서례와 의식을 규정하였다. 1744년 영조 때는 이를 보완하여 《속오례의續五禮儀》를 편찬하였다.

바깥 담장에서 본 정전 지붕

년상을 지나 종묘에 부묘되기까지를 흉례로 보고, 그 이후 제사의식은 조상을 다시 만난다는 의미의 길례(吉禮)로 여겼습니다.

국장(國葬)은 규모가 크고 장기간에 걸쳐 행해졌으므로 전담 부서를 설치하고 계령(戒令)을 통해 장례와 왕릉 조성에 관한 일을 육조에서 분담했습니다. 병조에서는 여러 곳을 호위하고, 예조는 상례에 관련된 일을 의정부에 보고합니다. 이조에서는 제사에 관련된 업무를 수행하는 빈전도감, 장례에 필요한 물품들을 만드는 국장도감, 왕릉을 조성하는 일을 맡은 산릉도감(山陵都監)이라는 임시기구를 설치하여 각자 맡은 일을 하게 합니다. 왕의 죽음으로부터 설치된 이러한 임시기구들은 산릉에서 장례를 치르고 궁으로 돌아와 해산되었습니다.

## 왕의 죽음

왕의 임종이 가까워지면 평소 정사를 보던 곳으로 모시고 왕세자와 신하 등이 마지막 명령을 듣는 고명의식을 하고(국휼고명), 죽음을 확인하는 촉광례(觸纊禮)를 합니다. 뒤이어 내시가 왕이 입던 곤룡포를 가지고 승하

❖ 《국조오례의》 〈흉례편〉 요약

**국휼고명(國恤顧命)**: 왕이 마지막 명령을 내린다.
**촉광례(觸纊禮)**: 내시가 새 솜을 입과 코에 대어 움직이는가를 살핀다.
**복(復)**: 내시가 왕이 입던 웃옷을 가지고 지붕으로 올라가 북쪽을 향해 '상위복(上位復)'을 세 번 부른다.
**목욕(沐浴)**: 내시들이 왕의 시신을 목욕시킨다.
**습(襲)**: 내시들이 왕의 시신에 옷을 입힌다.
**위위곡(爲位哭)**: 왕세자·대군·왕비·내명부 빈·왕세자빈 등이 각자의 위에 나아가 곡을 한다.
**고사묘(告社廟)**: 제3일째 되는 날 종묘와 사직, 영녕전에 고한다.
**소렴(小斂)**: 베로 시신을 싸서 묶는다.
**대렴(大斂)**: 시신을 완전히 묶어 관에 넣는다.
**성빈(成殯)**: 정전의 서편에 빈소를 차린다.
**여차(廬次)**: 중문 밖에 여막을 만들어 왕세자와 대군들이 머물게 한다.
**성복(成服)**: 왕세자 이하 모두가 상복으로 갈아입는다.
**사위(嗣位)**: 성복례가 끝나면 왕세자가 왕위를 계승한다.
**반교서(頒敎書)**: 즉위 후 교서로 대내외에 알린다.
**청시종묘(請諡宗廟)**: 예조에서 대행왕의 시호를 정한다.
**발인(發靷)**: 관을 상여로 옮기고 빈전을 출발하여 묘지로 향한다.

한 곳의 지붕 위로 올라가 북쪽을 향해 '상위복(왕비의 경우는 '중궁복'이라 외침)'이라 세 번 외치며 혼을 부르는 복(復)을 합니다. '상위복'은 '상감은 돌아오소서'라는 뜻을 담고 있습니다. 복을 하고 난 직후에 내시가 곤룡포를 지붕 아래로 던지면 밑에서 대기하고 있던 내시는 얼른 옷을 받아 건물 안으로 들어가 왕의 몸 위에 그 옷을 덮었습니다. 왕의 혼령이 북망산천을 향해 하늘로 날아가다가 자신이 평소에 입던 옷을 알아보고 되돌아와 깃들기를 바라는 의식으로, 혼령이 깃든 옷을 시신에 덮어서 살아나기를 기다렸습니다.

그러나 초혼(招魂)을 하고 혼이 깃든 용포로 몸을 덮었다고 해서 왕이 되살아나는 일은 없습니다. 이제 왕의 죽음은 확인되었고, 대행왕(大行王)을 깨끗이 씻겨(목욕) 고운 속옷으로 갈아입히고(습), 3일째 되는 날 종묘·사직에 고하고(고사묘), 베로 시신을 싸서 묶는 소렴(小斂)을 행했습니다. 5일이 지나면 시신을 묶어 재궁(梓宮: 관)에 안치합니다(대렴). 대렴(大斂)이 끝난 후 정전의 서편에 빈소를 차리고(성빈), 왕세자 이하 내외친들은 상복으로 갈아입고(성복), 머리를 풀어 헤치며 3일 동안 음식을 먹지 않았습니다. 국상의 경우 왕이 사망하여 장례까지는 대략 5개월이 걸리는데, 그동안 시신을 빈전(殯殿)에 안치합니다.

## 새 왕의 즉위

왕이 승하한 시점으로부터 6일째 되는 날 새 왕의 즉위례를 행했는데, 이는 왕위를 한시라도 비워둘 수 없기 때문에 선왕(先王)의 상중에 치러졌습니다.

왕세자는 재궁을 모신 빈전에서 영의정으로부터 선왕의 유교(遺教: 임종 때 남기는 말씀)함을 받고 좌의정으로부터 옥새를 받습니다. 사왕(嗣王: 선왕의 대를 물려받은 임금)은 면복(의례복)으로 갈아입고 정전 밖에서 즉위하고 백관들의 하례를 받았습니다. 즉위를 마친 왕은 여막(廬幕: 상제喪制가 상이 끝날 때까지 거처하는 곳)으로 돌아가 면복을 다시 상복으로 갈아입고 빈전으로 가서 상주 노릇을 합니다. 곧이어 정전 문에서 새 왕의 즉위를 미리 준비한 교서로 대내외에 알립니다.

사왕의 즉위례는 매우 중요한 국가 의식이었지만, 선왕의 장례 기간 중이라는 특성으로 몹시 슬프고 우울하게 치러졌습니다. 새 왕은 즉위 후 비로소 국정을 처리하기 시작합니다. 무엇보다 매일 아침저녁으로 선왕의 빈전에 상식(上食)을 올리고 장례까지의 진행이나 준비에 소홀할 수 없었습니다. 국왕이기 이전에 자손으로서 효를 다하는 자세를 보이고, 예를 효의 근본으로 삼았던 유교적 이념을 몸소 실천해야 했기 때문입니다.

## 장례를 치르다

한 달여쯤 예조에서는 왕의 묘호(廟號: 종묘에 신주를 모실 때의 호칭), 능호(陵號: 왕릉의 호칭), 시호(諡號)를 정해 올리게 했습니다. 또한 왕의 평생 행적을 기록한 행장과 묘지문에 담을 내용을 고위 신료들이 분담해 작성하여 고인의 업적을 기렸습니다.

장례 기간 동안 대행왕의 음택(陰宅)을 정하고 능을 조성합니다. 택지(宅地)의 선택에 있어 풍수지리를 중요시했던 조선 사회에서는 돌아가신 왕의 안식처인 능지를 정하는 일을 매우 신중하게 했습니다.

왕의 승하 후 5개월 뒤 발인을 합니다. 왕의 재궁이 궁궐을 떠나 미리 조성한 왕릉에 도착한 후 하관 의식이 끝나면 가신주(임시 신주, 우주)를 만들어 우제(虞祭: 시신 매장 후 혼령을 위로하는 제사)를 지내고, 우주(虞主)를 모시고 궁궐로 돌아옵니다. 그리고 우주를 혼전에 안치하고 나면 왕실의 장례를 주관했던 임시 관청인 국장도감은 그 업무를 종결하고 해산되었습니다.

《정조국장도감의궤》(서울대학교 규장각한국학연구소 소장)

❖ 신주

왕이나 왕비가 승하했을 때 만드는 신주에는 상례의 절차에 따라 혼백(魂帛), 우주(虞主), 연주(練主)가 있다.

1. **혼백**: 국상이 난 당일에 흰색 비단으로 만들었는데, 혼령이 최초로 깃들인 신주였다. 이는 죽은 자의 혼령을 불러오는 초혼 의식인 복(復)에서 연유한다. 초혼 후에는 혼령이 옷 속으로 들어왔다고 생각하고 이 옷을 죽은 사람의 몸 위에 올려놓았다. 사람이 죽어 혼백이 분리되면 혼이 의지할 수 있는 장소를 만들어주어야 했는데, 그 상징물이 바로 혼백이었다. 혼백은 왕이나 왕비가 임종하고 5개월이 지나 장례를 치를 때까지 신주 역할을 하였다.
2. **우주**: 새로운 신주는 재궁을 왕릉에 모시는 날 만들었다. 시신(백)을 땅속에 묻으면 의지처를 잃은 혼령이 방황할 것이라 생각하고 다시 편안하게 깃들 수 있는 나무 신주를 장례 날 새롭게 제작하였다. 이날 만드는 신주를 우주(虞主)라 하는데, 미리 준비한 뽕나무 판 위에 'OO대왕'이라고 묘호를 썼다. 우주는 뽕나무로 만들었기 때문에 상주(桑主)라고도 하였다. 장례가 끝나면 우주를 궁궐로 모시고 와서 연제(練祭)를 지내기 전까지 혼전에 모셨고, 이날 신주의 기능을 다 한 혼백(魂帛)을 땅에 묻었다.
3. **연주**: 연제(練祭)는 1년 소상으로 상이 난 다음해에 지내는 제사이다. 연제를 치르는 날 새 신주를 만들었는데, 이것이 연주(練主)이다. 연주는 밤나무로 만들기 때문에 율주(栗主)라고도 하였다. 연주를 혼전(魂殿)에 모시고 나서 신주 기능이 정지된 우주를 종묘 뒤뜰의 으슥한 곳에 파묻었다. 혼전에 모셔 두었던 연주는 27개월째 담제(禫祭: 탈상)를 지낸 후 길일을 정해서 종묘로 옮겼다. 이를 부묘(祔廟)라고 한다.

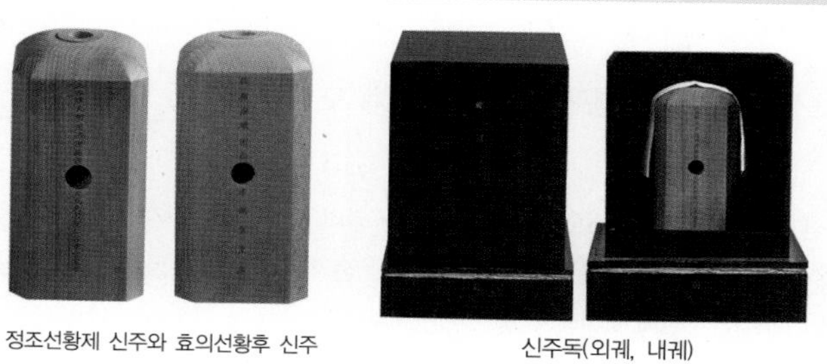

정조선황제 신주와 효의선황후 신주 　　　　신주독(외궤, 내궤)

# 부묘

부묘(祔廟)는 담제(禫祭: 탈상) 후 끝낸 뒤에 ✿혼전(魂殿)에서 임금이나 왕비의 신주를 종묘에 모시는 일입니다. 돌아가신 왕은 부묘를 통해 종묘에 신주가 모셔진 이후에야 각종 제사의 대상이 됩니다.

부묘의 절차는 길일을 택한 후, 부묘 3일 전에 종묘와 혼전에 시행을 알리는 고유제(告由祭)를 행합니다. 부묘 하루 전날 혼전의 신주를 신연(神輦)에 싣고 종묘로 가서 정전 남신문(南神門) 밖 임시 막차(幕次)에 봉안합니다.

부묘제를 행한 당일 새벽 대축(大祝)이 신주를 받들고 정전으로 나아가 열성조의 신위 앞에서 부묘 사실을 고하고 새 신실에 신주를 봉안 합니다. 고하는 인사말은 "지금 좋은 때에 OO대왕과 OO왕후가 종묘에 들어가고자 인사드립니다"라고 하였습니다. 인사가 끝나면 선왕의 신주를 서쪽에 선후의 신주를 동쪽에 봉안합니다. 살아 있을 때는 동쪽을 상위로 하여 왕이 자리했지만, 저승의 경우 서쪽이 높은 곳으로 보는 서상제도이기 때문입니다. 부묘를 할 때 시책과 시보도 함께 봉안했습니다. 선왕의 신주는 흰색 보시(백저건)를, 선후의 것은 푸른색 모시(청저건)로 덮었습니다.

✿ **혼전** : 혼궁(魂宮)이라고도 하며, 임금이나 왕비의 국상 중 장례를 마치고 종묘에 부묘할 때까지 신주를 모시는 집으로 궁궐의 한 전각을 혼전으로 정한다. 왕은 삼년상이 끝날 때까지 혼전에 모시다가 종묘에 부묘하지만, 왕비가 먼저 승하한 경우에 왕이 종묘에 입향할 때 함께 모시므로 왕을 따라 배향될 때까지 궁궐 혼전에 모셔졌다.

정조의 신주를 운반하는 신연(神輦)

배향공신들의 신주는 부묘 당시 선왕과 선후의 행렬을 기다리다가 합류하여 공신당에 봉안합니다. 이어서 태조 이하의 신주를 대상으로 제사를 올린 후 다시 신실에 모시고 나면 부묘례가 끝납니다. 이때부터 종묘에 모신 선왕은 국가의 신으로 숭배되었습니다.

부묘례는 3년간의 국상 기간이 공식적으로 끝나고 왕과 신료들이 국상의 슬픔에서 벗어나 일상으로 돌아가는 전환점입니다. 부묘례를 마친 왕은 궁궐로 돌아와 백관들로부터 하례를 받고 이어서 삼년상이 무사히 끝났음을 백성들에게 선포하고 대 사면령을 내립니다. 그동안 수고한 부묘도감 관련자들에게 잔치를 열어 그 노고를 치하함으로써 국상으로부터 시작된 모든 장례의 절차가 마무리되는 것입니다.

● 세종실록 135권, 오례 · 흉례 의식 · 부묘의

…재랑(齋郎) 등이 신여(神輿)를 모시고 정문으로 들어가서 부알위(祔謁位)에 이르면, 대축(大祝)이 궤를 받들어 욕위(褥位: 방석)에 안치하고, 궤를 열고 신주를 받들어 내어 부(趺) 위에 놓는다. 이를 마치면, 섭판통례(攝判通禮)가 욕위(褥位)의 서쪽에 나아가서 북향하여 부복하고 계칭(啓稱)하기를, "지금 좋은 날[吉辰]에 모호 대왕(某號大王)을 부알(祔謁)한다" 하고

…중략…

신여(神輿)가 이미 올라가고 나면, 대축(大祝)이 인도하여 신실(新室)로 간다. 신실(新室)에 이르면, 내시(內侍)가 궤(几)를 받들어 자리[座]에 놓고, 대축이 신주(神主)를 받들어 자리[座]에 안치하고 백저건(白紵巾)으로 덮는다. 【왕후를 아울러 부묘(祔廟)하면 청저건(靑紵巾)으로 덮는다.】 …하략…

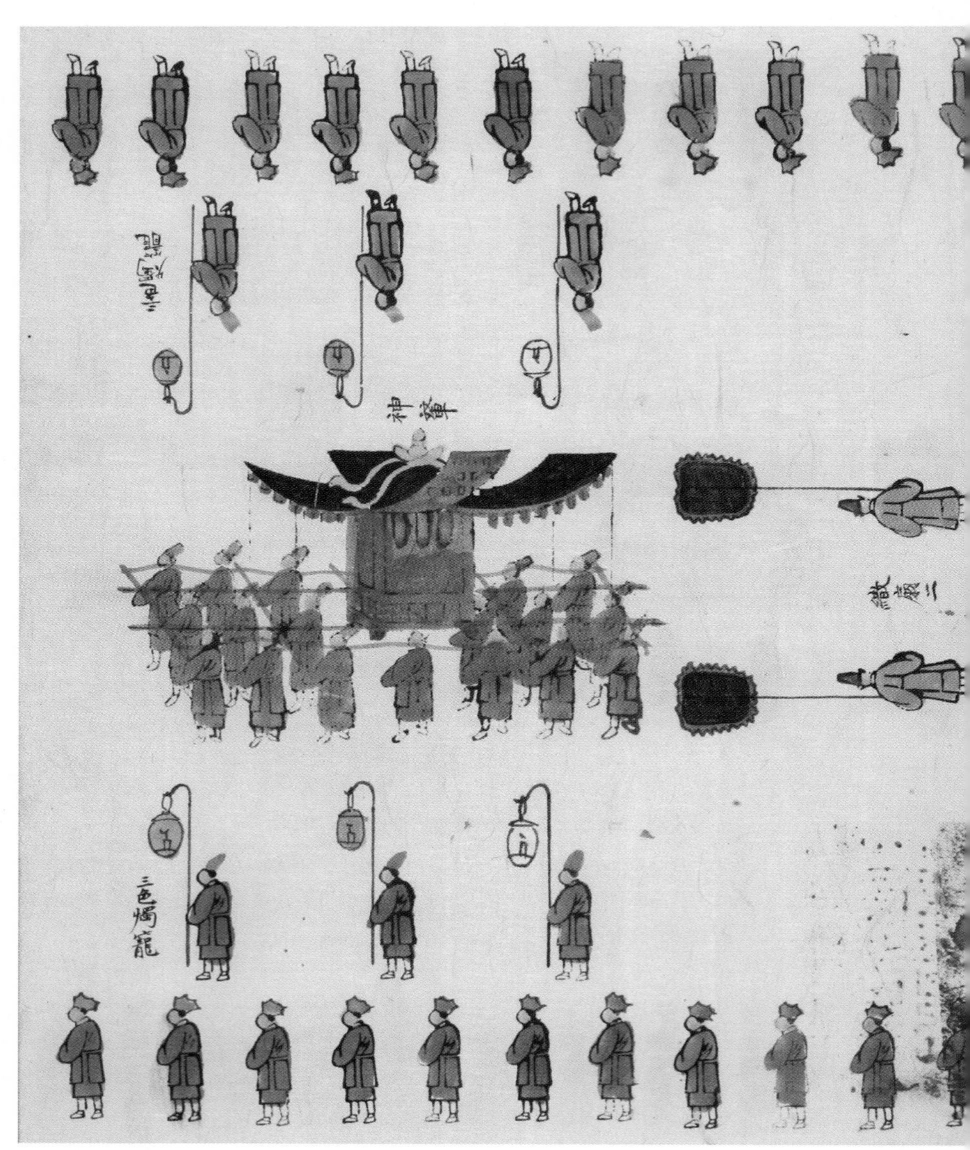

《정조부묘도감의궤》(서울대학교 규장각한국학연구소 소장)

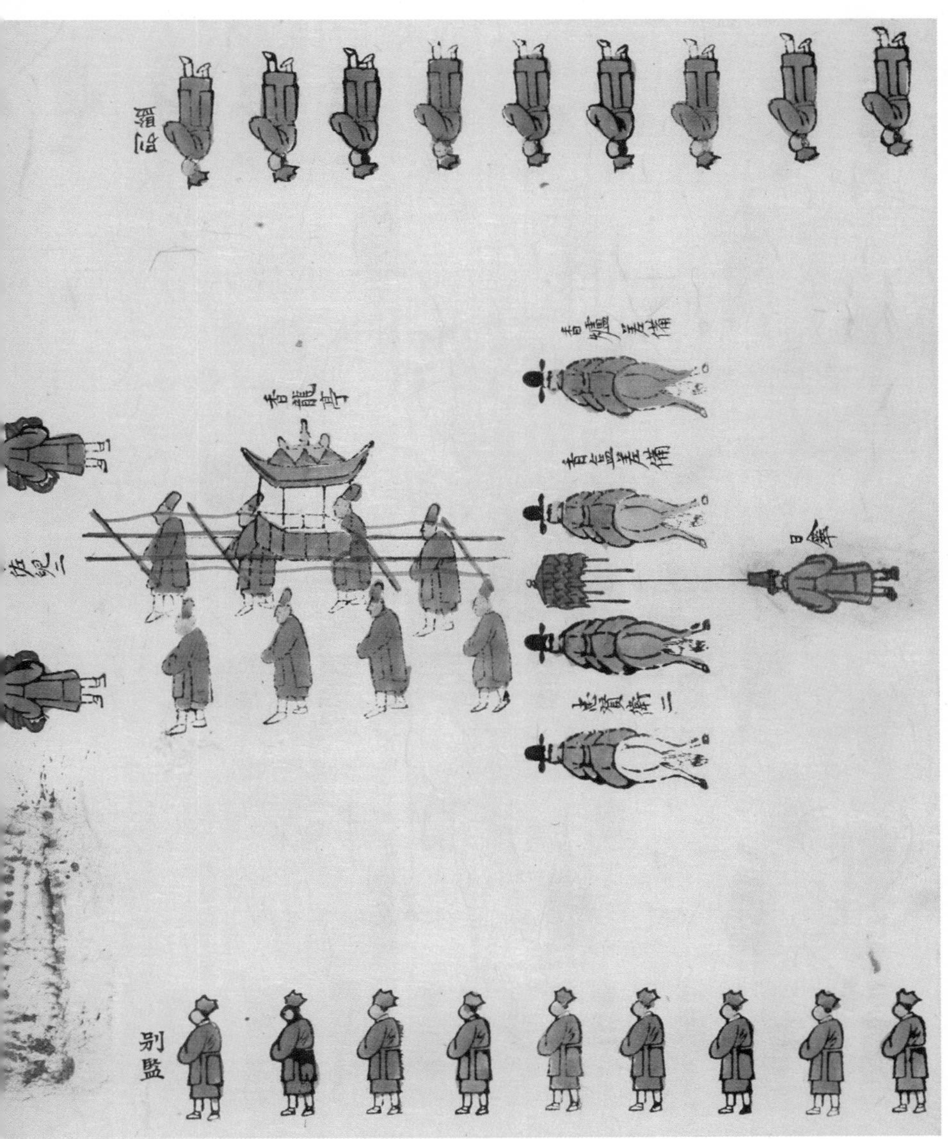
香龍亭
別監

# 왕의 이름, 묘호

조선시대의 왕은 살아 있을 때는 왕으로 부르고, 죽은 뒤에는 묘호(廟號)를 정해 부릅니다. 이때 종묘에서 그 신주를 부르는 이름을 정해야 했는데, 그 이름이 바로 왕의 묘호입니다. 태조, 태종, 세종이 왕의 묘호로 왕이 죽은 뒤에 그 공덕을 기리어 붙인 이름입니다.

❖ **태조와 세종의 묘호**

왕을 지칭하는 칭호는 살아서는 왕이라 불리고, 묘호(廟號)가 정해지기 전까지는 대행왕(大行王)이라 부른다. 그리고 왕의 사후에 부여되는 이름은 시호와 묘호이며, 장례를 지내면 장지(葬地)에는 능호가 붙는다. 태조 이성계의 사후 정식 이름은 '태조강헌지인계운성문신무대왕(太祖康獻至仁啓運聖文神武大王)'인데, ① 묘호는 태조(太祖), ② 시호(諡號)는 강헌(康獻), ③ 존호(尊號)는 지인계운성문신무대왕(至仁啓運聖文神武大王)이고, 능호(陵號)는 건원(健元)이다. 살아 있을 때 부르던 이름은 ④ 휘(諱)는 성계(成桂) · 단(旦), ⑤ 자(字)는 중결(仲潔) · 군진(君晉) ⑥ 호는 송헌(松軒)이다. 왕 즉위 후, 휘를 단(旦), 자를 군진(君晉)으로 고쳤다. 왕의 이름을 외자로 어려운 한자(漢字)를 쓴 이유는 왕의 이름(휘)은 백성의 이름으로 사용해서도 안 되며, 함부로 쓰거나 부를 수 없는 금기의 글자였기 때문이다. 왕실에서는 일반 사람들이 잘 쓰지 않는 어려운 글자를 이름에 사용하여 백성들에게 불편함을 주지 않으려 했다.

세종은 왕자 시절 충녕대군(君號)으로 불렸는데 휘는 도(祹), 자는 원정(元正), 아명은 막동(莫同)이다. 재위 동안 나라를 안정시키고 태평성대의 기반을 마련하였다고 평가를 받아 묘호를 '세종(世宗)'으로 정하였다. 존호는 영문예무인성명효대왕(英文睿武仁聖明孝大王)이고, 명나라에서 받은 시호는 장헌(莊憲)이다. 묘호에 존시를 합치면 세종장헌영문예무인성명효대왕(世宗莊憲英文睿武仁聖明孝大王)이다.

묘호를 붙일 때는 신료들이 그 왕의 업적을 평가하여 공이 많으면 조(祖)를 붙이고 덕이 많으면 종(宗)을 붙였다고 하지만, 실상 조(祖)와 종(宗)의 구분은 뚜렷하지 않습니다. 원래 조(祖)는 왕조의 창업자에게 붙이는 묘호였지만, 조선왕조 후기로 가서 그 구분이 모호해졌습니다. 조와 종의 구분은 중국의 《예기》를 따른 것으로 태조를 제외하고는 모두 종으로 묘호를 정하는 것이 순리였습니다. 그러나 세조(世祖)와 인조(仁祖)의 경우 정난이나 반정을 통해 등극하여 왕통을 다시 세웠다 하여 조(祖)로 칭하고, 선조(宣祖)는 왜적의 침입으로부터 나라를 구하고 다시 일으켜 세웠다는 이유를 내세워 부묘할 때 선종(宣宗)이었던 묘호를 광해군 8년 선조로 개종하였습니다.

부왕 태조로부터 양위를 받아 재위에 올랐던 2대 정종(定宗)은 태종의 동복형입니다. 정종의 재위 동안(1398~1400) 아우인 정안대군(태종)이 왕세자 신분으로 대리청정을 하였습니다. 그리고 태종의 뒤를 이어 세종이 즉위하고 사후 조선 중후기까지 공정왕(恭定王)의 신주는 묘호도 없이 봉안되어 오다가 숙종 때 이르러 비로소 정종이라는 묘호를 갖게 되었습니다.

이밖에 영조 · 정조 · 순조는 묘호가 원래 영종(英宗) · 정종(正宗) · 순종(純宗)이었으나 고종 때 모두 조로 개칭되었으며, 대한제국을 선포한 지 2년 뒤인 1899년에 태조 · 장조 · 정조 · 순조 · 익종의 신주를 황제위로 높이고 묘호를 조로 개정하면서 묘호에 조를 쓴 경우가 증가하게 되었습니다.

승하 후 묘호를 받지 못한 왕은 2대 임금 공정왕과 6대 노산군, 10대 연산군, 그리고 15대 광해군이 있었는데, 숙종 때 공정왕과 노산군은 각각 정종과 단종으로 묘호를 받았습니다. 단종의 경우 친진(親盡: 모시는 대수

정전의 겨울

가 끝남)이 이미 지난 후에 복위되었으므로 처음부터 영녕전 협실에 모실 수밖에 없었습니다. 폐위된 연산군과 광해군만이 묘호를 받지 못했고, 종묘에 합사되지도 못했습니다. 왕위에 오른 적은 없으나, 추존 과정을 통하여 왕으로 높여진 경우(덕종 · 원종 · 진종 · 장조 · 문조)에도 그 신주는 종묘에 모셨다가 친진 이후에 영녕전으로 조천되는 것이 상례였습니다.

한편 왕의 부모로서 왕위에 오른 적이 없는 생부와 생모는 당연히 종묘에 모실 수 없었으나, 성종은 생부 의경세자(세조의 장자)를 왕으로 추존하고 덕종이라는 묘호까지 마련하여 숙부인 예종의 신실 위 칸에 봉안함으로써 이후 추존의 전례를 남겼습니다.

정전 월대에서 바라본 악공청입니다.

정전 담장 밖의 여름이 깊어갑니다.

## 왕후의 자리

종묘에는 역대 제왕과 함께 그 후비, 즉 왕후의 신주를 함께 모십니다. 제왕은 재위 대 순으로 승하 후 장례를 치르고 나서 담제를 지낸 후에 종묘에 모셔집니다. 그러나 왕후의 신주는 종묘에 부묘되는 시기가 경우마다 달랐습니다. 물론 배치의 기준은 서상제이므로 왕의 신주를 서쪽에, 왕비의 신주는 동쪽에 모셨습니다. 그리고 왕비가 여러분일 경우 책봉을 받은 순서로 위차를 두고 신주가 놓입니다. 원비가 왕의 바로 옆이고, 다음 제1계비, 제2계비의 순으로 놓입니다. 숙종의 경우 서쪽으로부터 숙종, 인경왕후, 인현왕후, 인원왕후의 순서가 되는 거지요.

왕후의 신주가 종묘에 부묘되는 시기에 대해서는 왕이 먼저 승하하여 종묘에 모셔진 후 왕비가 승하하면 담제를 지낸 후 길일을 정해 바로 신주가 종묘에 입향됩니다. 그러나 왕비가 먼저 승하하고 왕이 더 오래 사셨다면 문제는 달라집니다.

영조의 원비 ✿정성왕후 서씨가 1757년 65세의 나이로 승하하고 장례

✿ **정성왕후** : 정성왕후가 승하하자 영조는 정성왕후의 능(홍릉)을 아버지 숙종의 명릉 근처에 만들고, 훗날 자신이 정성왕후 옆에 묻히기 위해 옆자리를 비워 놓았다. 그러나 1776년 영조가 승하한 뒤 손자인 정조는 당시 왕대비였던 영조의 계비 정순왕후를 의식하여 현재의 동구릉에 영조와 정순왕후의 무덤인 원릉을 조성하였고, 결국 정성왕후는 옆자리가 비워진 채 홍릉에 홀로 남겨지게 되었다.

를 치렀습니다. 그리고 정성왕후의 신주는 1776년 영조가 승하할 때까지 종묘에 들어오지 못하고 혼전(휘령전: 창경궁의 문정전을 혼전으로 사용하고 혼전 이름을 휘경전으로 불렀다)에서 무려 21년을 기다렸다가 정조 2년(1778)에 부묘되었습니다. 정성왕후 승하 후 19년이 지나 영조가 승하하셨지만, 이번에는 영조의 신주가 부묘될 때까지 2년을 더 기다려야 했습니다. 이때 영조의 장자로 정조의 양부가 되었던 효장세자가 진종으로 추존되어 함께 종묘에 부묘되었습니다.

● 정조 2년(1778) 5월 2일 1번째 기사

…태실(太室)에서 체제(禘祭) 하였는데, 영종대왕(英宗大王)과 정성왕후(貞聖王后)를 13실(室)에다, 진종대왕(眞宗大王)과 효순왕후(孝純王后)를 14실에다 제부(躋祔) 하였다. 하루 전에 임금이 면복(冕服)을 갖추어 여(轝)를 타고 명정문(明政門) 밖의 악차(幄次)로 나아갔다. 통례(通禮)가 효명전(孝明殿) 신좌(神座) 앞으로 나아가 여(轝)를 타도록 계청(啓請)하니 부묘 대축(祔廟大祝)이 신주(神主)를 받들어 신여(神轝)에다 안치(安置)하고, 통례(通禮)가 또 휘령전(徽寧殿) 호외(戶外)로 나아가 여(輿)를 타도록 계청하니 부묘 내시(祔廟內侍)가 신주를 받들어다가 신여에 안치하고는 책보(冊寶)와 교명(敎命)은 앞에다 놓았다. 신여가 나가자 임금이 자리에 나아가 지영(祗迎)하였고, 이어 여(輿)를 타고 뒤따랐다. 통례(通禮)가 신여에 나아가 여(轝)에서 내려 연(輦)을 타도록 계청하니, 대축(大祝)과 내시가 신주를 받들어 연(輦)에다 안치하였다. 임금이 여(輿)에서 내려 연(輦)을 타고 뒤따르니, 종친과 문무백관이 반열(班列) 차례대로 뒤따랐다. …후략…

정성왕후의 경우는 승하 후 오래 기다렸을 뿐이지 조선왕조의 전통적인 상례 절차에 따라 공경되고 종묘에 입향한 경우입니다. 조선의 왕비 중에는 의외의 사건과 시기적인 불운으로 종묘에 들어오지 못하거나 몇백 년이 지난 후 입향하는 경우나 다시 그 신주가 종묘에서 쫓겨나는 일도 있었습니다.

남신문에서 바라본 여름 풍경입니다.

# 260년 만의 복위, 신덕왕후

조선의 왕후 중 누구보다 사후의 처분에 동정이 가는 경우는 태조의 계비 신덕왕후일 것입니다. 신덕왕후(神德王后, ?~1396)는 태조보다 20세나 어린 나이로 태조가 조선을 건국하는 데 많은 역할을 했습니다. 태조가 조선을 건국하기 1년 전 원비 신의왕후 한씨가 죽었기 때문에 강씨는 조선의 첫 왕비가 되어 현비(顯妃)에 봉해졌습니다. 현비 강씨는 신의왕후 소생의 장성한 왕자들을 제치고 자기 소생의 왕자에게 다음 왕위를 물려주려고 정도전과 정치적 연합을 하여 태조의 막내아들 의안대군 방석을 왕세자로 만들었습니다. 그러나 강씨는 아들이 왕이 되는 것을 보지도 못하고 갑자기 세상을 떠났을 뿐만 아니라 이러한 정치적 행보로 인해 크나큰 수모를 당하게 됩니다. 신의왕후의 다섯째 아들이자 가장 정치적 야심이 컸던 정안군 방원은 강씨가 전처소생의 왕자들을 무시하고 가장 나이어린 방석을 왕세자로 삼아 왕의 후계로 만든 것에 대해 격분할 수밖에 없었습니다.

신덕왕후가 승하한 지 2년 후 제1차 왕자의 난이 일어나 의안대군 방석을 포함한 신덕왕후의 아들들은 모두 방원에게 살해당했습니다. 그리고 이어지는 태종의 복수는 처절하리만큼 무서웠습니다. 왕이 된 태종은 태조 승하 후에 강씨를 후궁으로 격하시켰습니다. 그리고 정동에 두었던 신덕왕후의 능을 사대문 밖 경기도 양주 지역이던 현 위치(서울 성북구)로 이장했고, 능의 봉분을 완전히 깎아 무덤의 흔적을 남기지 말도록 명했습니다. 태종은 이에 더해 정릉의 정자각을 헐어버리고 1410년 광통교가 홍수에 무너지자 능의 석물을 광통교를 보수하는 데 사용하게 하여 온 백성이 이것을 밟고 지나가도록 했습니다. 종묘에도 들지 못한 신덕왕후에게 올리는 제사는 일반인의 묘에 준하는 초라한 예로 올렸습니다. 한 나라의 왕후였던 신덕왕후의 능은 그 흔적조차 알아보지 못할 만큼 철저히 파괴되었습니다. 신덕왕후의 복위는 무려 260년 뒤인 현종 때 우암 송시열에 의해 이루어졌습니다.

> "태종대왕께서는 성대한 덕과 순일한 효성이 천고에 탁월하시니 요임금이 전하듯, 순임금이 이어받듯 질서가 정연하다고 사변에 대처할 방법이 없었으나 유독 신덕왕후에 대해서만 능침의 의절에 손상이 있고 배향하는 예가 오래도록 결손되었습니다."

정릉의 신덕왕후 능

송시열의 상소는 당시 태종의 강씨에 대한 조치를 잘못됐다고 하여 바로잡는다 할 수 없으니 모든 죄는 당시 태종을 보필했던 신하의 잘못이라는 해석을 한 것입니다. 현종은 선대의 결정을 번복하는 일을 망설이다가 "신중을 기하는 나의 뜻이 끝내 옳다고 자신할 수 없는 것이고 경들의 소청이 이와 같으니, 나의 주장을 버리고 애써 따르겠다. 아뢴 대로 시행하도록 하라" 하고 윤허하였습니다. 이로써 선조 때부터 시작하여 무려 88년이나 끌어온 논쟁 끝에 신덕왕후는 복위되어 종묘에 모셔지고 정릉은 왕릉으로서의 상설을 갖추게 되었습니다. 신덕왕후가 복권되는 날에 엄청난 비가 왔는데, 백성들은 그녀의 원혼이 흘리는 눈물이라 하였습니다.

신덕왕후는 사후 260년이 지난 현종 10년(1669)에야 지위가 왕비로 복위되고 신주가 종묘에 모셔졌습니다. 존호를 순원현경(順元顯敬)으로 추존하였고, 1899년 신덕고황후(神德高皇后)로 최종적으로 추존되었습니다.

● 현종 10년(1669) 8월 5일 2번째 기사
어제 내리신 비답에 또 윤허하지 않는다고 분부하셨으므로 신들은 안타까운 심정 금할 수 없습니다. 당연한 의리이고 모두 동의하는 공론임을 전하께서도 이미 통촉하고 계신데 아직도 신중히 할 것을 주장하시면서 즉시 윤허하시지 않는 것은 무엇 때문입니까.
…중략…
"《실록》을 상고해 보더라도 당시 부묘하지 않았던 것이 조종들의 본의가 아니었음을 알 수 있습니다. 능침의 제도와 부묘의 의식은 본시 달리 할 수 없는 것으로써 순서대로 거행해야 할 예인 것입니다. 그런데 아직도 시비와 가부를 결정지을 수 없는 일처럼 여기시니, 이에 대해서 신들은 의심스럽습니다. 바라건대, 망설이지 마시고 부묘하는 의식을 속히 거행하여 신명과 사람들의 기대에 보답하소서" 하니,
상이 답하기를, "신중을 기하는 나의 뜻이 끝내 옳다고 자신할 수 없는 것이고 경들의 소청이 이와 같으니, 나의 주장을 버리고 애써 따르겠다. 아뢴 대로 시행하도록 하라."
…하략…

## 현덕왕후

조선왕실의 왕후 중 문종비 현덕왕후(顯德王后)만큼 슬픈 혼령은 또 없을 듯싶습니다. 아들을 낳자마자 죽었고 구천을 떠돌던 그 어미의 혼령은 어린 아들이 죽는 것까지 내려다보았을 것입니다. 현덕왕후 권씨는 문종(재위 1450~1452)의 세자빈으로 세종 23년(1441) 단종을 낳고 하루 만에 산후병으로 사망했습니다. 세자빈 권씨가 사망한 후 왕위에 오른 문종은 죽은 권씨를 현덕왕후로 추존하고 새 왕비를 들이지 않았습니다.

세자빈 권씨는 문종의 세자 시절 세자빈 휘빈 김씨와 순빈 봉씨가 갖가지 비행으로 왕실을 문란케 하여 폐출된 이후 세 번째로 맞은 세자빈입니다. 첫 번째 세자빈 휘빈 김씨는 남편의 사랑을 받지 못하자 문종이 좋아하던 궁녀의 신발을 태워 그 재를 술에 넣어 문종이 마시게 하는 등 민가에서 하는 온갖 잡술을 이용하다 발각되었고, 두 번째 세자빈 순빈 봉씨는 나인 소쌍과 동침하는 동성애 행각을 벌이다 폐위되었습니다.

왕세자 이향(李珦: 문종)의 후궁으로 이미 두 명의 딸(첫째는 어릴 때 죽고 둘째딸이 경혜공주이다)을 낳은 양원 권씨가 세자빈으로 책봉되었습니다. 당시 세자였던 문종은 승휘 홍씨를 세자빈으로 올리고 싶어 했으나, 이미 두 딸이 있으며 다른 후궁들보다 품계가 더 높은 권씨를 의리상 세자빈으로 올려야 한다는 세종의 뜻을 받들었습니다. 세자빈 권씨가 원손(단종)을 낳자마자 다음 날 산후병으로 사망하니 향년 24세였습니다. 세자빈은 그해 현덕의 시호를 받고, 경기도 안산군(安山郡)의 신영(新塋)에 장사하였다가 문종 즉위 후 왕후에 추봉되었습니다. 시호는 인효순혜현덕왕후(仁孝順惠顯德王后)로, 능호는 소릉(昭陵)으로 명명되었습니다.

문종은 37세에 등극하였으나, 재위 2년 4개월 만에 승하했습니다. 그리고 문종이 종묘에 부묘(祔廟)될 때 현덕왕후의 신주도 종묘에 부묘되었습니다. 문종의 뒤를 이어 왕위에 오른 열두 살의 어린 단종은 숙부 수양대군에게 의지할 수밖에 없었고, 이러한 상황은 계유정난, 세조의 찬위(簒位), 사육신 사건 등 정치적으로 불안한 사건을 초래하는 계기가 되었습니다. 단종 재위 3년 결국 단종은 왕위를 찬탈당했는데, 표면적으로는 수양대군에게 왕위를 양위하고 상왕으로 물러나 수강궁에 머물렀습니다.

현덕왕후의 모친 아지(阿只)와 왕후의 동생 권자신(權自愼)이 성삼문 등과 함께 상왕으로 물러난 단종 복위 운동을 벌이다 발각되어 처형되고, 이미

현릉

사망한 현덕왕후의 아버지 권전은 아지와 권자신의 죄로 인해 연좌되어 서인(庶人)으로 격하되었습니다.

의정부에서는 "노산군이 종사에 죄를 지어 군으로 강봉되었는데, 그 어미가 명위를 유지하는 것이 마땅치 않다"는 명분을 내세워 현덕왕후를 폐하고 소릉도 폐릉할 것을 주장했습니다. 그리하여 결국 단종 복위 사건과는 무관한 죽은 현덕왕후를 폐출하고 종묘에 고한 뒤 종묘에서 신위를 출향시켰습니다. 이때부터 문종은 홀로 제향을 받게 되었습니다. 조선왕조의 전 시기를 통해 종묘에 부묘되었다가 출향되고, 결국 폐릉까지 간 사례는 현덕왕후가 유일한 경우였습니다.

단종은 세조 3년(1457)에 노산군(魯山君)으로 강봉(降封)되어 영월로 유배되었습니다. 야사에는 단종이 영월로 귀양을 가고 현덕왕후가 종묘에서 내쳐진 뒤 세조가 낮잠을 자다가 꿈을 꾸었는데, 현덕왕후의 혼령이 나타나 "너는 내 아들의 왕위를 빼앗고도 부족하여 벽지인 영월로 내쫓더니, 이제는 목숨까지 끊으려 하느냐? 네가 내 자식을 핍박하니 나도 네 자식을 죽여 원수를 갚겠다"고 저주를 했다고 합니다. 세조가 악몽에 놀라 잠에서 깨었을 때 병석에 있던 세조의 장남 의경세자(성종의 생부)가 현덕왕후의 저주처럼 속절없이 죽었습니다. 이에 의경세자의 죽음이 현덕왕후의 저주 때문이라 생각한 세조는 안산에 있던 현덕왕후의 소릉을 파헤치라고 명했고, 관을 꺼내 노천에 방치했다가 평민의 예로 바닷가에 장사 지내게 했습니다.

세조는 영월에 귀양 가 있는 노산군에게 사약을 보내 조카를 살해했습니다. 단종의 나이 17세였습니다.

처음 현덕왕후에 관한 추복은 성종 때 남효온의 상소로 시작되었으나,

정전 서편의 가을

윗대의 일을 뒤집는 것에 대한 부담으로 미루다가 중종 때 영의정 유순정 등의 건의로 중종 8년(1513) 신주가 다시 종묘에 부묘되었고, 숙종 25년(1699) 신원되었습니다. 이유는 하늘에 계신 문종의 신령이 홀로 제향을 받는 것이 미안하다는 것이었습니다. 중종실록에는 현덕왕후를 폐위하게 된 것은 한때 대신들이 잘못 청한 데에서 나온 것이요, 선왕(세조)의 본의가 아니었으므로 제사를 드려 태묘(太廟)에 고유하고 위호(位號)를 추복(追復)하였다고 했습니다. 그리고 옛 소릉(昭陵)을 옮겨 현릉(顯陵: 동구릉 내 문종의 능침)의 좌측(동쪽)에 모신 다음, 소릉의 옛 칭호를 버리고 현릉과 합하여 부르고 신주를 종묘에 모셔 문종실(文宗室)에 배향했다고 적고 있습니다.

정전 서쪽 숲의 봄

서문 바깥 골목

## 단경왕후

중종의 원비 단경왕후 신씨는 중종이 반정으로 왕위에 오르자 왕후가 되었으나 바로 폐위된 불행한 경우입니다. 중종은 정현왕후 윤씨의 소생으로 성종의 둘째 아들입니다. 단경왕후 신씨는 연산군 5년(1499) 진성대군(晉城大君)과 혼인하여 부부인에 봉해졌습니다. 그러나 중종이 즉위하고 신씨는 아버지 신수근이 폐위된 연산군의 처남이었다는 이유로 왕비의 자리에서 폐위되고 생이별을 해야 했습니다. 폐위된 이후 중종이 그녀의 처우에 대해서 어찌 배려를 하였는지는 별다른 기록이 없어 명확히 알 수 없습니다. 중종과 폐비 신씨가 부부 금슬이 좋았기에 그녀의 처지가 더욱 안타깝고 동정이 가지만 어쨌든 중종은 즉위 후 장경왕후, 문정왕후를 맞아들이고 후궁을 9명이나 거느렸습니다. 중종은 TV 드라마나 역사극에 '여인천하'라는 테마로 궁중 여인들의 암투가 그려지는 사극 현장에 등장하는 왕입니다.

신씨에 대한 호칭도 인종이 즉위하여 그녀가 거처하는 곳에 폐비궁(廢妃宮)이라는 이름을 주고 생활에 보조를 하기 시작했다고 합니다. 신씨가 명종 12년(1557) 71세의 나이에 사망하자 왕후 시부모의 예에 따라 이등례(二等禮)로 초상을 치렀다는 기록은 있지만, 여전히 그녀는 시호도 없이 폐비 신씨 혹은 신비(愼妃)라고 불렸습니다. 그러다가 영조 15년(1739)에야 김태남 등의 건의로 왕후로 복위되었습니다. 영조가 단경왕후를 추승한

월대에서 바라본 남신문

데에는 사친 숙빈 최씨의 신분을 격상시키기 위한 사전 포석을 염두에 두고 출발했습니다. 어쨌든 단경왕후 신씨는 드디어 종묘에 부묘되어 남편 중종의 옆에 원비의 자격으로 그 신주가 모셔졌습니다. 그녀는 죽어서 180여 년이 지난 후에야 공소순열단경왕후(恭昭順烈端敬王后)라는 시호를 받고 종묘에 중종의 제1왕비 자리에 부묘되었습니다.

영조는 단경왕후의 묘를 온릉으로 격상시키고 수시로 찾아가 전배하고 궁으로 오는 길에 어머니의 묘에도 들렀습니다. 그 의도야 어찌되었든 단경왕후의 입장에서도 자신의 자리를 찾아준 영조의 처분이 고마웠을 겁니다.

월대에서 바라본 정전 바깥 담장의 가을

## 폐비 윤씨와 공빈 김씨

조선시대에 왕의 정식 배우자인 왕후가 아니면 그 신위가 종묘에 배향될 수 없습니다. 실제 살아 있을 때 왕비가 아니었더라도 종묘에 모셔진 경우는 남편이 왕으로 추숭(追崇)되면서 함께 왕후의 예로 추존되어 시호를 받았기 때문에 신실에 모셔지는 것입니다. 대부분 남편이 왕세자로 죽었으나 그 아들이 즉위한 후에 아버지를 왕으로 추존했거나, 원종(인조의 생부)처럼 아들이 반정으로 즉위한 후에 돌아가신 부모를 추존한 경우입니다. 물론 돌아가신 왕의 후궁인 경우는 자신이 낳은 아들이 왕으로 즉위했더라도 종묘에 모실 수 없습니다.

그러나 왕을 낳은 사친(私親)으로 그 아들이 왕위에 오른 후 생모를 왕후로 추승하고 종묘에 모신 사례가 두 번 있었습니다. 물론 이 경우는 왕이 폐위되자 추숭되었던 그 사친의 신위도 종묘에서 내쳐졌습니다.

연산군의 사친인 폐비 윤씨는 성종의 계비입니다. 성종의 후궁으로 간택되어 숙의에 봉해졌다가 공혜왕후 한씨가 죽자 왕비로 책봉되었습니다. 그러나 시어머니 인수대비와의 갈등으로 눈밖에 난데다가 후궁들을 투기하고 성종의 용안에 상처를 냈다는 일로 인해 왕 10년(1479) 폐위되었습니다. 폐서인이 되어 사가로 내쳐진 윤씨는 왕이 다시 부를 것으로 기대하였으나, 성종과 인수대비에게는 그녀의 행실이 나쁘게 보고되었고, 성종 13년(1482) 8월 윤씨의 나이 28세에 사사되었습니다. 당시 조정에서는 폐비가 사가로 나간 이후 자신의 행동을 뉘우치고 있고 세자의 생모라는 점 등을 이유로 들어 윤씨를 살려두고자 하였으나, 왕실은 그녀에게 결코 호의적이지 않았습니다.

연산군이 왕위에 오르면서 사친이 죽음에 이르게 된 경위를 알게 되었습니다. 연산군은 신하들의 반대가 있었지만, 동왕 10년(1504) ✿갑자사화(甲子士禍)를 일으키면서까지 윤씨를 제헌왕후(齊獻王后)로 추존하였습니다. 그리고 윤씨의 회묘(懷墓)를 왕후의 예인 회릉(懷陵)으로 격상시키고 신주를 종묘에 들임으로써 성리예학의 ✿'계체론(繼體論)'을 뒤흔들어 놓았습니다. 그러나 결국 중종반정으로 왕이 폐위되고, 그가 추숭했던 사친에 대한 처분은 뒤집히고 윤씨의 신주는 종묘에서 내쳐졌습니다.

광해군은 선조와 후궁 공빈 김씨의 둘째 아들로 태어났습니다. 선조의 큰아들(서장자) 임해군을 낳은 공빈은 광해군을 낳고 2년 만에 25세의 나이로 죽었습니다. 광해군은 즉위 후 사림들의 반대를 무릅쓰고 사친 추숭을 감행하였습니다. 공빈 김씨를 자숙단인공성왕후(慈淑端仁恭聖王后)로 추존하고, 능호는 성릉(成陵)이라 칭하였으며, 사신을 파견하여 명나라로부터 책봉고명을 받아오기도 했습니다. 그리고 드디어 동왕 6년(1614)에 김씨를 공성왕후로 종묘에 부묘하였습니다. 그러나 1623년 인조반정으로 광

✿ **갑자사화**: 연산군이 왕위에 오르면서 폐비 사건에 대해 알게 되고, 사건에 관련된 사람들을 처벌하면서 한명회·한치형 등이 부관참시를 당한 데 이어 그 이외의 사람들이 사사되거나 유배되었다.

✿ **계체론**: 계체는 왕위를 계승한다는 뜻이다. 연산군이 성종의 뒤를 이었으므로 계체한 임금이 되는데, 계체한 임금은 사친을 추숭할 수 없는 것이 경전에 실려 있는 예법이다. 연산군의 생모 윤씨는 폐비되었으므로 사친(私親)에 불과하여 왕의 어머니로서 추숭 받을 수 없다는 것을 말한다.

동문에서 바라본 정전

해군이 폐위되면서 김씨의 왕후로서의 시호와 왕릉도 모두 추탈되고 격하되었습니다. 김씨는 다시 공빈으로 강등되고, 그 신주는 종묘에서 내쳐졌습니다. 현재 경기도 남양주시 진건읍에 있는 공빈의 성묘는 추숭 당시에 만들었던 석물들을 그대로 보존하였기 때문에 왕릉과 같은 격을 갖춘 모습을 보이고 있습니다.

인조반정 이후 광해군은 폐위되어 강화도로 유배된 후 다시 제주도에 안치되었습니다. 인조와 집권 서인은 그를 죽이지 않고 천수를 누리도록 하였고, 초연히 유배 생활을 지내던 광해군은 인조 19년(1641)에 67세를 일기로 죽었습니다. 어려서 생모를 잃고 부친의 냉대 속에 자란 광해군은 평생 어머니를 그리워하여 죽어서 어머니 공빈의 묘를 바라보는 위치에 묻혔습니다. 광해군은 임진왜란으로 불탄 종묘를 자신의 손으로 짓고도 종묘에 입향되지 못한 불운한 왕입니다.

정전 서문

## 후궁의 사당, 칠궁

칠궁(七宮)은 대한민국 서울시 종로구 궁정동(청와대 내)에 위치해 있습니다. 이곳은 조선의 국왕을 낳은 생모이지만 왕비에 오르지 못한 후궁 일곱 분의 신위를 모신 사당입니다. 조선시대 왕들이 친행했던 칠궁 제례는 종묘에 봉사된 법모(法母)인 왕후께 올리는 제사와 함께 자신을 낳아준 어머니에 대한 효를 바탕으로 이루어졌습니다.

처음 영조가 후궁 출신인 모친 숙빈 최씨의 신주를 모신 사당 육상궁을 건립한 이후 역대 왕 또는 추존된 왕의 생모인 후궁의 묘(廟)를 옮겨와 합사

칠궁 입구

칠궁 안 냉천정

하게 된 것입니다. 칠궁은 원래 영조 원년(1724)에 지은 육상궁(毓祥宮)만 있던 터에 순종 2년(1908) 연호궁(延祜宮)·저경궁(儲慶宮)·대빈궁(大嬪宮)·선희궁(宣禧宮)·경우궁(景祐宮)이 옮겨 왔고, 일제강점기인 1929년 덕안궁(德安宮)이 들어오면서 7명의 신위를 모시게 되어 현재의 칠궁이 되었습니다.

| 사당 명 | 봉안 신위 | 관계 | |
|---|---|---|---|
| 저경궁 | 선조의 후궁 인빈 김씨 | 추존왕 원종의 생모 | 원종: 인조의 생부 정원군 |
| 대빈궁 | 숙종의 후궁 희빈 장씨 | 경종의 생모 | |
| 육상궁 | 숙종의 후궁 숙빈 최씨 | 영조의 생모 | |
| 연호궁 | 영조의 후궁 정빈 이씨 | 추존왕 진종의 생모 | 진종: 효장세자/정조의 양부 |
| 선희궁 | 영조의 후궁 영빈 이씨 | 추존왕 장조의 생모 | 장조: 사도세자/정조의 생부 |
| 경우궁 | 정조의 후궁 수빈 박씨 | 순조의 생모 | |
| 덕안궁 | 고종의 후궁 순헌황귀비 | 영친왕의 생모 | |

# 장희빈과 최숙빈

희빈 장씨는 숙종의 후궁으로 경종을 낳고 왕후의 자리에 올랐습니다. 그러나 그녀는 당쟁이 극렬했던 시기에 왕후의 위에 오른 지 5년 만에 인현왕후의 복위로 다시 희빈으로 강등되었습니다. 희빈 장씨의 아들 경종이 가례를 치르고 세자빈과 함께 종묘에 인사드리는 묘현례를 행할 때 복위된 인현왕후가 같이 묘현례를 올렸습니다. 그리고 그녀는 인현왕후가 승하하고 나서 한 달 후 그 죽음의 빌미가 장씨의 저주에 있다는 숙빈 최씨의 발고로 숙종 27년(1701) 사약을 받고 죽었습니다.

희빈 장씨의 신주를 모신 대빈궁

숙빈 최씨의 신주를 모신 육상궁

경종 즉위 후 사친 희빈 장씨에 대한 추승은 다소 소극적으로 전대의 연산군이나 광해군의 경우와 같이 정비(正妃)로 추숭한 것이 아니라 위호를 다소 높이고 사묘(私廟)를 건립하는 정도였습니다. 이는 숙종이 후궁 출신은 왕비가 될 수 없다는 어명을 내렸기 때문입니다. 경종 2년(1722) 왕은 생모 장씨를 옥산부대빈(玉山府大嬪)에 추숭하고 사당은 대빈궁(大嬪宮)으로 하였는데, 그 추숭도 경종이 승하하고 다시 격하되었습니다.

경종의 뒤를 이어 영조가 즉위함으로써 노론의 천하가 되자 옥산부대빈 장씨의 위치는 대역 죄인으로 격하되었으며, 민진원은 장씨를 인현왕후가 폐서인되었던 원흉으로 지목하였습니다. 현재 그녀의 무덤은 서오릉 경내 한 구석의 대빈묘(大嬪墓)로 1960년대 도시화 개발로 무덤과 석물만이 초라하게 옮겨졌습니다. 현재 무덤의 형상만 볼 때 희빈 장씨가 왕실의 홀대를 받은 것으로 오해를 받고 있지만, 그녀의 사당은 대빈궁(大嬪

宮)으로 궁정동 칠궁 경내에 존재하고 있습니다. 대빈궁은 다른 후궁의 사당에는 볼 수 없는, 왕후만이 사용하는 원형 기둥 양식을 보이고 있어서 희빈이 한때나마 국모의 위(位)에 있었음을 보여주고 있습니다.

왕의 재위 기간과 사친에 대한 추승의 결과가 연관이 있을 수밖에 없다는 관점은 경종과 영조의 경우에서 확실하게 비교가 됩니다. 경종의 이복형제로 뒤를 이어 즉위한 영조 역시 사친 숙빈 최씨를 추승하는 작업에 들어갔습니다. 영조는 즉위 후 숙빈 최씨의 사당 숙빈묘(淑嬪廟)를 건립하고 매우 빈번하게 묘(사당)에 행차하여 전배례(殿拜禮)를 행하였습니다. 즉위 초 영조는 사친 추숭에 있어 신하들의 정통 성리학의 계체론에 입각한 반론을 염두에 두고 별묘 건립 정도에 그쳤습니다.

그러나 영조의 어머니 숙빈 최씨에 대한 추숭은 왕 즉위 후 무려 30여 년간이나 계속되었습니다. 왕이 장수하고 즉위 기간도 길어지면서 영조 후반기에는 정국이 안정적으로 전개되어 왕권이 강화되었습니다. 이러한 상황 변화에 따라 그간 억제해 온 영조의 사친 추숭의 의지가 점점 겉으로 드러나게 되고, 영조 20년(1744)에는 숙빈묘를 육상묘(毓祥廟)로 고칩니다. 드디어 동왕 29년 사친에게 '화경(和敬)'이라는 시호를 올리고, 육상묘를 육상궁(毓祥宮)으로, 소령묘(昭寧墓)를 소령원(昭寧園)으로 하여 묘(廟)를 궁(宮)으로, 묘(墓)를 원(園)으로 격상시켰습니다. 영조는 육상궁을 자주 참배하며 향사(享祀)에 정성을 다했는데, 궁궐 남쪽으로 협문(夾門)을 내고 초하루, 보름마다 소여(小輿)를 타고 위사(衛士)도 없이 나아가 전배례(展拜禮)를 행하였습니다.

숙빈 최씨의 묘소를 그린 《소령원도》 (한국학중앙연구원 장서각 소장)

## 세자빈, 종묘에 알현하다

종묘에서 행해지는 모든 의례는 철저히 남성중심으로 진행이 되었습니다. 제사 음식 장만에서부터 진설(陳設), 그리고 제례가 진행되는 동안 제관 집사, 악공, 일무요원에 이르기까지 모두 남성들이 역할을 담당했던 의례 공간이었습니다. 그런데 이토록 여성의 출입을 금기시했던 조선시대에 유일하게 여성이 종묘에 들어와 의례를 치렀던 의식이 바로 묘현례(廟見禮)입니다.

종묘를 들어서고 있는 왕후와 세자빈 (묘현례 재현)

종묘에서 재현하는 묘현례의 한 장면

묘현례는 세자빈 또는 왕비가 가례를 올린 후 종묘에 모셔진 선대왕과 왕후에게 인사를 올리는 의식입니다. 중종 대에 몇 차례 묘현에 대한 논의가 있었으나, 종묘에 여성을 들이는 일을 꺼리다가 숙종의 세자 경종이 가례를 올린 뒤 세자빈과 복위된 인현왕후가 종묘에 알현하러 간 것이 처음이었습니다.

● 중종 12년(1517) 7월 22일 15번째 기사

홍문관이 아뢰기를, "묘현(廟見)하는 것은 혼례(婚禮) 가운데에서 가장 중한 것입니다. 옛날에는 부인을 얻고서 묘현을 한 뒤라야 아내가 되는 것이라 하였는데, 친영(親

迎)하는 까닭은 종묘(宗廟) 사직(社稷)의 주인이 되게 하려는 것이니 묘현을 하지 않을 수 있겠습니까? 신 등이 중조(中朝)의 황후묘현예문(皇后廟見禮文)을 보니, 미리 관리를 보내어 신주에게 뵙는 연유를 제고(祭告)하고 집사와 향관(享官)이 나온 뒤에, 내관(內官)을 시켜 묘문(廟門)을 열게 한 다음, 황후와 여관(女官)이 묘로 들어가는데, 단지 전후로 재배(再拜)만 할 뿐입니다. 이 예문을 본다면 또한 어려울 것도 없습니다. 묘현은 결코 폐해서는 안 됩니다. 당초에 융례(隆禮)를 행한 것은 종묘를 위함이었는데 이제 묘현을 하지 않는다면 처음과 끝이 정례(正禮)가 되지 못합니다." …하략…

숙종 22년(1696) 10월 16일 숙종과 인현왕후, 세자(경종), 세자빈이 종묘에 가서 묘현례를 행하였습니다. 숙종은 왕후와 빈궁(嬪宮)의 묘현례를 의논하면서 "태묘의 매우 엄숙한 곳에 내전(內殿)과 빈(嬪)만이 출입하게 하는 것은 미안하니, 내가 함께 행례하는 것이 옳다"라고 하며 함께 갔습니다. 이후 다음 왕들도 숙종의 예를 따라 왕후나 세자빈의 태묘 알현에 동행을 하였습니다.

● 숙종 22년(1696) 10월 16일 1번째 기사

임금과 중전 · 세자 · 빈궁이 종묘에 가서 행례(行禮)하였는데, 그 의절(儀節)은 이러하였다. 전하의 입위(立位)는 묘호(廟戶) 밖의 동에서 서향하고, 왕세자의 입위는 전하의 입위의 서남에서 북향하고, 중궁전의 배위(拜位)는 묘호 밖의 서에서 동향하고, 빈궁의 배위는 중궁전 배위의 동남에서 북향한다. 전하와 왕세자는 익선관(翼善冠) · 곤룡포(袞龍袍)를 갖추고, 출궁(出宮)하고 환궁(還宮)할 때 고취(鼓吹)는 모두 벌이되 연주하지 않는다. 전하와 왕세자는 면복(冕服)으로 고쳐 입고 묘정(廟庭)에 들어가 사배례(四拜禮)를 행한다. 중궁전과 왕세자빈은 수식(首飾)을 하고 적의(翟衣)를 입는다. 상궁이 앞에서 인도하여 서계(西階)로부터 올라가 입위에 이르고, 상궁이 전하와 왕세자를 인도하여 조계(阼階) 로부터 올라가 입위에 이른다. 중궁전과 왕세자빈이 사배례를 행하면, 상궁이 전하와 왕세자를 인도하여 소차(小次)에 들어간다. 상궁이 중궁전과 왕세자빈을 인도하여 재전(齋殿)으로 돌아가고, 좌통례(左通禮) · 우통례(右通禮)가 전하를 인도하여 재전으로 돌아간다. 전하와 왕세자가 익선관·곤룡포로 갈아입고 환궁한다.

왕들은 갓 혼례를 올린 어린 왕비나 세자빈의 묘현례를 가례 후 바로 행하지 않고 날이 따뜻한 봄으로 미루는 경우도 종종 있었습니다. 묘현례는 일반 사가에서 혼례를 치르고 새 식구가 된 부인이 사당에 나아가 조상들께 인사를 올리는 예와 같습니다. 조선시대 종묘에서 행해지는 국가 의례 중 왕실 여성이 공식적으로 참여하는 유일한 행사라는 점에서 의미를 가지고 있습니다.

현재 종묘에서 행하는 묘현례는 숙종의 세자 경종과 세자빈 심씨가 조상을 뵙고 알현하는 의례를 재현한 것입니다. 이날의 주인공 ✿단의왕후 심씨는 열한 살의 나이로 세자빈에 간택되어 경종과 혼례를 올리고 묘현례를 행한 것입니다. 우리가 가끔 역사드라마에 등장하는 인물들의 설정에서 나이를 염두에 두지 않은 경우가 많은데 당시 세자빈은 만으로 열 살, 세자는 그보다 두 살 어린 여덟 살에 불과한 어린 나이였다는 것을 생각해볼 필요가 있습니다. 옛 왕실의 법도가 지엄하기도 했거니와 이들 왕세자와 세자빈이 그들의 어린 나이에도 불구하고 상당히 의젓하고 성숙했다는 것을 짐작할 수 있습니다.

사도세자와 혜경궁이 열 살에 동갑 나이로 가례를 마치고 종묘에 알현했고, 영조의 계비 정순왕후는 15세에 왕비가 되어 묘현례를 행했습니다.

✿ **단의왕후** : 경종의 원비로 경종 즉위 2년 전인 1718년, 갑자기 혼절하여 승하하였다. 왕세자인 경종이 손수 지문을 지었고, 숙종은 그녀의 죽음을 비통해하며 단의(端懿)의 시호를 추서하고 단의빈으로 삼았다. 경종 승하 후 제1왕비로 종묘에 모셔졌다.

# 공신당

정전 월대 아래 동쪽에 있는 공신당(功臣堂)은 남신문의 남쪽 담장에 바짝 붙어 있는 긴 집으로 역대 국왕 공신들의 위판을 모신 곳입니다. 공신당 내부는 정전이나 영녕전처럼 따로 신실을 구분하지 않고 남북 양쪽에 길게 배치한 신탁 위에 신위를 모셔 놓았습니다. 임금이 승하하면 왕의 재위 시 큰 공을 세우고 죽은 신하들의 위판을 공신당에 모셨는데, 이들을 배향공신(配享功臣)이라 합니다. 왕의 신주를 종묘에 부묘할 때 동시에

공신당

종묘제례 봉행 때 공신당에 차려진 제상

배향공신의 신주도 공신당에 모셔지게 됩니다. 배향공신에 선정되는 것은 왕과 함께 종묘에 모셔지게 되는 광영으로 사대부 최고의 영예로 여겼으며 조정에서도 그 자손들에게 여러 가지 특전을 베풀었습니다.

그러나 배향공신의 선정은 선왕 사후 시기적으로 집권 세력의 입김이 작용하였으므로 후대의 이해관계에 따라 선정되는 일이 잦았습니다. 그 예로 태조의 최측근으로 조선왕조의 개국공신이었던 정도전이나 세종 때의 충신 김종서도 공신당에 배향되지 못했습니다. 그리고 왕의 신위가 영녕전으로 조천이 되면 영녕전에는 따로 공신당이 없으므로 그 왕대의 배향공신의 위판은 다시 사가로 전해져서 매안(埋安: 땅에 묻음)되었습니다. 그럼에도 조선시대의 관리로서 역대 제왕의 배향공신으로 선정되었다는 것은 크나큰 영광이었습니다. 현재 공신당에는 역대 왕의 공신 83위가

정전 남쪽 담장 너머 공신당 지붕이 단정하게 펼쳐진다.

모셔져 있습니다. 종묘제례 시 이 83위의 배향공신들이 왕과 함께 제향을 받고 있습니다. 처음 5칸이던 공신당은 왕의 대를 거듭하며 공신이 증가하자 종묘 증축과 함께 늘어나게 되어 현재 16칸 규모가 되었습니다.

중국에서는 배향하는 공신들의 위판을 묘정 밖에 두었는데, 조선왕조의 종묘는 왕의 신위를 모신 같은 영역 안에 공신당을 두었습니다. 이는 왕이 혼자 나라를 다스리는 것이 아니라 신하들과 함께 다스린다는 군신공치(君臣共治)의 이념을 종묘 건축에 드러낸 것으로 해석합니다.

❖ 종묘 정전 공신당 배향공신 83위

| 왕대 | 배 향 공 신 | 명 |
|---|---|---|
| 태조 | 조준, 이화(의안대군), 남재, 남은, 조인옥, 이지란, 이제(흥안군: 태조의 부마, 경순공주의 남편) | 7 |
| 태종 | 하륜, 조영무, 정탁, 이천우, 이래 | 5 |
| 세종 | 황희, 최윤덕, 허조, 신개, 이수, 이제(양녕대군), 이보(효령대군) | 7 |
| 세조 | 권람, 한확, 한명회 | 3 |
| 성종 | 신숙주, 정창손, 홍응 | 3 |
| 중종 | 박원종, 성희안, 유순정, 정광필 | 4 |
| 선조 | 이준경, 이황, 이이 | 3 |
| 인조 | 이원익, 신흠, 김류, 이귀, 신경진, 이서, 이보(능원대군: 원종의 차남, 인조의 동생) | 7 |
| 효종 | 김상헌, 김집, 송시열, 민정중, 민유중, 이요(인평대군: 인조의 셋째 아들, 효종의 동생) | 6 |
| 현종 | 정태화, 김좌명, 김수항, 김만기 | 4 |
| 숙종 | 남구만, 박세채, 윤지완, 최석정, 김석주, 김만중 | 6 |
| 영조 | 김창집, 최규서, 민진원, 조문명, 김재로 | 5 |
| 정조 | 김종수, 유언호, 김조순 | 3 |
| 순조 | 이시수, 김재찬, 김이교, 조득영, 조만영 이구(남연군: 은신군의 양자, 흥선대원군의 부) | 6 |
| 문조 | 남공철, 김로, 조병구 | 3 |
| 헌종 | 이상황, 조인영 | 2 |
| 철종 | 이헌구, 이희(익평군), 김수근 | 3 |
| 고종 | 박규수, 신응조, 이돈우, 민영환 | 4 |
| 순종 | 송근수, 서정순 | 2 |

- 영녕전으로 조천된 왕의 배향공신

정종 – 이방의(익안대군: 태조의 셋째 아들)
문종 – 하연
예종 – 박원형
인종 – 홍언필, 김안국
명종 – 심연원, 이언적
경종 – 이유, 민진후
장조(추존왕, 사도세자) – 이종성, 민백상

# 칠사당

칠사당(七祀堂) 은 정전 월대 아래 서쪽에 있는 건물로 7사(七祀)에 제사를 올리는 곳입니다. 7사란 인간 생활의 여러 가지 일들에 관여하는 일곱 소신(小神)을 말합니다. 재미있는 것은 우리가 그냥 별 영향력 없는 소신 정도로 생각하기 쉬운 칠사의 위치를 조선시대에는 왕이 제향을 받는 종묘에 함께 두었습니다. 특히 납일(臘日)의 종묘제향에는 칠사에도 두루 제사 지내는데, 납향이 12월에 만물을 모아서 제사를 지내는 것이기 때문에

칠사당

칠사를 모두 합사(合祀)한다고 했습니다.

칠사는 인간의 운명을 주관하는 신 사명(司命), 출입을 관장하는 문호(門戶), 음식을 관장하는 조(竈), 사람이 거주하는 집과 땅을 관장하는 중류(中霤), 궁중 출입 담당의 국문(國門), 상벌을 주관하는 공려(公厲), 도로의 행작을 관장하는 국행(國行)입니다. 이렇게 민간 신앙의 대상이던 7신에게 종묘제례와 연계하여 제사를 지냄으로써 나라의 안녕과 왕실과 백성의 평안을 기원했습니다. 국가사당인 종묘 안에 사당을 두고 대접할 만큼 옛날에는 눈에 보이지 않는 귀신의 존재를 달래고 어울러서 사람에게 해코지를 하지 않도록 조심스레 대우했던 것입니다.

문의 서쪽부터 국행(國行之神), 공려(公厲之神), 국문(國門之神), 중류(中霤之神), 사조(司竈之神/부엌), 사호(司戶之神/문짝), 사명(司命之神)을 모셨습니다.

현재 봄가을에 올리는 종묘제례 때는 칠사당에서도 제사를 모시고 있습니다.

| 칠사 신위(神位) | 제사 시기 | 비고 |
|---|---|---|
| 사명(司命之神) | 봄 | 인간의 운명을 주관 |
| 사호(司戶之神) | 봄 | 궁궐이나 집의 문을 관장하며 출입을 주관 |
| 사조(司竈之神) | 여름 | 음식에 관한 일을 주관 |
| 중류(中霤之神) | 여름 | 당(堂)과 실(室)의 거처를 관장 |
| 국문(國門之神) | 가을 | 성문을 관장하여 출입을 주관 |
| 공려(公厲之神) | 가을 | 옛날 자식 없이 죽은 제후로 살벌(殺罰)을 주관 |
| 국행(國行之神) | 겨울 | 도로 왕래를 관장 |

# 료대

료대(燎臺)는 정전과 영녕전의 서편 뒤쪽에 있는 작은 굴뚝같이 생긴 구조물로 제향이 끝난 후 각 실의 축문과 폐를 태우는 곳입니다. 축문과 폐백을 태움으로써 조상의 혼령을 하늘로 돌려보내드린다는 의미의 제의를 하는 곳으로 전벽돌을 쌓아 굴뚝처럼 만들었습니다. 원래는 예감(瘞坎)이라 하여 구덩이를 설치하여 묻었는데, 영조 33년 이후 태우는 것이 보다 정결하다 하여 그 제도를 바꿨습니다. 망료위(望燎位)는 료대에서 태우는 장면을 아헌관이 지켜보는 곳입니다. 현재는 초헌관이 망료례를 행합니다.

월대 북쪽의 료대

정전 서월랑의 담

# 6 영녕전, 종묘의 별묘가 되다

가을날 영녕전으로 연결된 신로입니다.

## 영녕전

정전을 지나 아늑한 숲길을 따라 영녕전(永寧殿)으로 들어서면 정전의 장엄함보다는 훨씬 친근감 있는 분위기를 맞게 됩니다. 오늘날은 정전과 영녕전을 포함하는 일대를 모두 종묘라고 하지만, 조선시대 초에는 지금의 정전만을 종묘(태묘太廟)로 인식하고 영녕전은 별묘(別廟)의 개념이었습니다. 영녕전 가운데 건물의 지붕은 높고 양쪽의 협실은 지붕이 낮고 월대의 높이도 정전만큼 장대하지 않습니다. 한눈에 아늑하게 들어오는 영녕전은 이름처럼 보기에도 편안한 공간입니다.

영녕전 남신문

월대에서 바라본 영녕전

영녕전(보물 제821호)은 '조종과 자손이 길이 평안하라'는 뜻을 지닌 종묘의 별묘로 가운데 네 개의 신실(사조전四祖殿)을 정전의 신실만큼 높게 하고, 양쪽으로는 작은 협실 6칸씩을 둔 16칸 건물입니다. 밖에서 볼 때 영녕전은 종묘 정전보다 규모는 작지만 내부의 구조는 같습니다.

세종 원년에 2대 임금인 정종이 승하하자 정종의 신위를 모시는 문제가 제기됩니다. 이에 신실이 더 필요하게 되어 세종 3년(1421) 별묘인 영녕전을 건립해 태조의 4대조인 목조의 신위를 조천하여 모셨습니다. 특이한 것은 건물의 기단도, 뒤편의 담도 4대조를 모신 중앙 4칸의 지붕과 같이 높여서 건물의 형태와 어울리도록 하였습니다. 이는 정전에 모셔진 후손의 입장에서 종묘 정전의 건축 규모가 신실의 수요에 의해 장대해졌지만, 본디 조선왕조를 세운 태조의 4대조에 대한 공경을 드러낸 것이라 볼 수 있습니다.

조선왕조의 시조인 태조를 비롯하여 선왕(先王) 중에서 큰 공적이 있는 왕의 신위는 불천위(不遷位)라 하여 4대가 지나도 영녕전으로 옮기지 않고 계속 정전에 모셨습니다. 영녕전은 4대가 지난 왕과 왕후의 신위를 정전으로부터 옮겨 모시는 또 다른 사당이라 하여 '조묘(祖廟)' 또는 '별묘(別廟)'라고 했습니다. 세종 때 처음 건립될 당시는 모두 6칸의 건물이었으나 점차 증축해서 16칸이 되었습니다. 현재 영녕전에는 태조의 4대조와 정전에서 조천된 왕과 왕후, 추존 왕과 왕후의 신위 총 34위가 모셔져 있습니다.

영녕전의 건물 배치는 태조의 4대조를 모신 정전 4칸을 제외하고 서상제도를 따라서 서쪽 첫째 칸 정종으로부터 위차의 순으로 모셔져 있습니다. 영녕전의 가운데 큰 신실에 목조・익조・도조・환조의 신위를 모시

적막에 휩싸인 영녕전

영녕전 바깥 전경

고, 서쪽 협실에 2대 정종 · 5대 문종 · 6대 단종 · 덕종 · 8대 예종 · 12대 인종, 그리고 동쪽 협실에 13대 명종 · 원종 · 20대 경종 · 진종, 장조 · 의민황태자의 신위를 모셨습니다.

영녕전에 모신 추존왕

| 추존 왕 | | 왕후 | | 관계 | 묘실 |
|---|---|---|---|---|---|
| 덕종(의경세자) | 세조의 장남 | 소혜왕후 한씨 | 인수대비 | 성종의 부모 | 영녕전 8실 |
| 원종(정원군) | 선조의 5자 | 인헌왕후 구씨 | | 인조의 부모 | 영녕전 12실 |
| 진종(효장세자) | 영조의 장남 | 효순소황후 조씨 | | 정조의 양부모 | 영녕전 14실 |
| 장조(사도세자) | 영조의 차남 | 헌경의황후 홍씨 | 혜경궁 | 정조의 부모 | 영녕전 15실 |
| 문조(효명세자) | 익종<br>순조의 장남 | 신정익황후 조씨 | 조대비 | 헌종의 부모 | 정전 15실 |
| 의민황태자 | 영친왕<br>고종의 7자 | 의민태자비 이씨 | 영왕비 | | 영녕전 16실 |

덕종 : 세조의 맏아들 의경세자. 그의 아들 자을산군이 성종이 되어 왕으로 추존
원종 : 선조의 다섯째 아들 정원군. 인조의 생부로 인조 즉위 후 왕으로 추존
진종 : 영조의 맏아들 효장세자. 죽은 뒤에 정조가 양자로 입적되어 왕으로 추존
장조 : 영조의 둘째아들 사도세자. 정조의 친부로 정조가 즉위한 후 왕으로 추존
의민황태자 : 고종의 일곱째 아들 영친왕

❖ 영녕전 신실 배치

| 5 | 6 | 7 | 8 | 9 | 10 | 1 | 2 | 3 | 4 | 11 | 12 | 13 | 14 | 15 | 16 |
|---|---|---|---|---|---|---|---|---|---|---|---|---|---|---|---|

정중(正中)

| 묘실 | 제왕 | 왕후 |
|---|---|---|
| 제1실 | 목조대왕(穆祖大王) | 효공왕후(孝恭王后) 이씨 |
| 제2실 | 익조대왕(翼祖大王) | 정숙왕후(貞淑王后) 최씨 |
| 제3실 | 도조대왕(度祖大王) | 경순왕후(敬順王后) 박씨 |
| 제4실 | 환조대왕(桓祖大王) | 의혜왕후(懿惠王后) 최씨 |

서협(西夾)

| 묘실 | 제왕 | 왕후 |
|---|---|---|
| 제5실 | 정종대왕(定宗大王) | 정안왕후(定安王后) 김씨 |
| 제6실 | 문종대왕(文宗大王) | 현덕왕후(顯德王后) 권씨 |
| 제7실 | 단종대왕(端宗大王) | 정순왕후(定順王后) 송씨 |
| 제8실 | 덕종대왕(德宗大王)<br>-의경세자 추존 | 소혜왕후(昭惠王后) 한씨 |
| 제9실 | 예종대왕(睿宗大王) | 장순왕후(章順王后) 한씨<br>안순왕후(安順王后) 한씨 |
| 제10실 | 인종대왕(仁宗大王) | 인성왕후(仁聖王后) 박씨 |

동협(東夾)

| 묘실 | 제왕 | 왕후 |
|---|---|---|
| 제11실 | 명종대왕(明宗大王) | 인순왕후(仁順王后) 심씨 |
| 제12실 | 원종대왕(元宗大王)<br>-인조 생부 정원군 추존 | 인헌왕후(仁獻王后) 구씨 |
| 제13실 | 경종대왕(景宗大王) | 단의왕후(端懿王后) 심씨<br>선의왕후(宣懿王后) 어씨 |
| 제14실 | 진종소황제(眞宗昭皇帝)<br>-효장세자 추존 | 효순소황후(孝順昭皇后) 조씨 |
| 제15실 | 장조의황제(莊祖懿皇帝)<br>-사도세자 추존 | 헌경의황후(獻敬懿皇后) 홍씨 |
| 제16실 | 의민황태자(懿愍皇太子)<br>-영친왕 | 의민태자비(懿愍太子妃) 이씨 |

영녕전은 정전의 장중함에 비해 작고 아늑한 공간입니다.

눈 쌓인 영녕전

# 추존왕 진종

왕의 아들로 태어나 세자로 책봉되고 왕실의 기대를 한 몸에 받았던 왕세자가 승하한 뒤 추존 왕으로 종묘에 부묘되었습니다. 세조의 맏아들이자 성종의 생부 의경세자, 영조의 아들이었던 효장세자와 사도세자, 순조의 아들 효명세자가 바로 사후에 왕으로 추존된 왕세자들입니다. 그러나 대부분 세자 시절 그 후사를 두어 그들의 아들이 왕으로 즉위한 경우인데 반해 진종으로 추존된 효장세자는 10세에 요절하여 후사가 없었으나 추존 왕이 되었습니다. 정조가 효장세자의 양자로 입적이 되고, 정조 즉위 후 왕으로 추존된 경우입니다. 오히려 정조의 생부인 사도세자는 정조 대에 왕으로 추존되지 못하고 한참 후인 고종 때에 가서야 장조로 추존되었습니다.

영조 38년(1762) 임오화변(壬午禍變)으로 사도세자(思悼世子)가 부왕의 손에 죽고 난 다음 세손 정조는 죄인의 아들로 남았습니다. 영조에게는 사도세자 말고 어린 나이에 죽은 첫 아들이 있었습니다. 효장세자(영조의 후궁 정빈 이씨의 아들)는 영조가 왕자 시절 창의궁(彰義宮) 사저에서 낳은 첫 아들입니다. 숙종의 첫 손자이자 그의 생전에 태어난 유일한 손자이기도 합니다. 효장세자는 영조 즉위 후 1725년 세자에 책봉되었으나, 안타깝게도 열 살의 나이에 요절하였습니다.

영조는 손자 정조의 입지를 위해 자신의 첫째 아들이자 사도세자의 이

월대에서 바라본 영녕전 동문

복형인 죽은 효장세자의 후사로 정조를 입적시켰습니다. 영조 40년 정조는 효장세자의 양자로 입계되고 왕세손이 되었습니다. 또 이때 영조는 사후 자신의 신주를 종묘에 부묘할 때 효장세자를 진종(眞宗)으로 추존할 것을 명하여 왕세손 정조의 정통성을 마련해 주었습니다. 결국 정조 즉위년(1776)에 효장세자는 진종으로 추존되고, 정조 2년 영조의 신주를 종묘에 부묘하면서 효순왕후와 함께 종묘에 부묘되었습니다. 효장세자 사후 48년 만의 일이었습니다.

영녕전 동문 앞 판위입니다.

영녕전 동편 겨울

영녕전 신문 신방목의 삼태극입니다.

## 악공청

영녕전 바깥 서쪽에 악공청이 두 군데 있습니다. 종묘제례 때 악공들이 머물던 건물로 정전과 영녕전의 악공청이 별도로 하나씩 있습니다. 그러나 두 건물 모두 악공청이라고 보기에는 그 내부 시설이 모두 없어지고 마루만 덩그러니 남아서 제대로 사용하기는 어렵습니다. 원래는 방이 있던 건물이라고 하는데, 지금은 기둥만 남아 있고 제대로 복원하지 못한 상태입니다.

영녕전 바깥의 악공청

눈 쌓인 영녕전 서편 작은 문입니다.

영녕전 서편 작은 문

영녕전 서편에서 바라본 담장입니다.

영녕전 서쪽 바깥

영녕전 중앙 네 칸은 지붕을 높여 위계를 달리하였습니다.

영녕전 서편 겨울

## 사모의 정, 선원전

국가 사당으로 태묘(종묘)가 있다면, 왕실 사당은 궁궐 안에 있는 선원전입니다. 선원전은 조선 초기 태조의 어진(御眞)을 모시던 진전(眞殿)에서 출발합니다. 왕실의 정통성을 세우고 왕실의 근원과 흐름을 알게 하는 인도(人道)로 선왕을 섬기던 진전입니다. 역대 국왕의 신위를 모신 종묘와 달리 왕의 어진을 봉안한 사당으로서 후계 왕이 선왕에 대한 친애와 숭모정신을 표현하기 위한 사묘(私廟)로서의 성격이 강한 왕실 사당입니다.

창덕궁 궐내각사 영역에 남아 있는 구선원전

● 세종 15년(1433) 5월 3일 2번째 기사
부모의 은혜를 보답하고 제사를 지내는 것은《예경禮經》의 떳떳한 일이며, 죽은 이를 산 사람같이 섬기는 것은 지극한 효성인 것이다. 그러므로 역대의 제왕이 이미 종묘를 세워서 태고(太古)의 예(禮)를 숭상하는 것은 신성(神聖)히 여기는 까닭이며, 또 원묘(原廟)를 설치하여 평상시와 같이 섬기는 것은 친근하게 하는 까닭이다.

조선 중기 선원전의 유래는 숙종 21년에 창덕궁 인정전 서편의 춘휘전에 왕의 어진을 보관하는 데서 시작되었습니다. 숙종 때 창덕궁에 세워진 선원전은 숙종 재위 시에는 어진을 궤 속에 넣어 한쪽에 보관하는 장소였으나, 숙종 사후 경종 즉위년(1720)부터 선왕의 어진을 어칸에 전봉(展奉)하고 의례를 거행하는 장소가 되었습니다. 그 후로 선원전은 열성의 어진 봉안뿐만 아니라 어진을 펼쳐놓고 의례를 행함으로써 선왕의 위엄과 정통성을 상징하는 장소로 기능이 확대되었습니다. 대한제국 시기에는 각 궁별로 선원전이 존재했으며, 왕이 궁을 이어할 때마다 어진도 함께 이봉되었습니다. 그러나 일제강점기에 경복궁 선원전이 헐려나갔고, 1921년에는 고종의 삼년상이 끝나는 것을 계기로 경운궁 선원전이 헐리고 창덕궁 후원에 12칸의 신선원전이 건립되었습니다. 현재는 창덕궁 궐내각사 영역의 구선원전과 후원의 신선원전만이 남아 있습니다.

선원전에서는 선왕의 탄일과 정초에 다례를 올립니다. 선원전 내부는 종묘와 비슷한 구조로 하나의 긴 방을 각각의 신실로 구분하고 있습니다. 선원전 어진 뒤에는 왕이 살아 계실 때처럼 일월오봉병을 둘러 장엄하게 장식하고 있습니다. 고례에 따라 왕은 그 선조에 대하여 인도로도 섬기고 신도(神道)로도 섬겼습니다. 종묘에서 제향(祭享)을 올리는 것은 신도로서 섬기는 것이며, 진전에서 다과 음식으로 다례를 올리는 것은 인도(人道)로서 섬기는 것이라고 했습니다. 다례의 양식은 제향에 비해 간략하여 축문이 없으며, 축문이 있으면 별다례 또는 작헌례가 됩니다. 선원전 다례는 원래부터 있었던 궁중 의례는 아니었습니다.

숙종의 유언으로 처음에는 한 달에 두 번 삭망(朔望: 음력 초하루와 보름)에 분향만 하던 것이 영조 때에 숙종 탄일에 맞춰 다례를 올리면서 선원전 다례가 시작되었습니다. 처음부터 격식을 갖추어 선왕을 뵙는 제향의 엄격함이 아니라 어진을 마주하는 자리였으므로 개인적인 사모의 정도 우러났을 것입니다. 종묘의 신실에 모신 신주가 왕실의 근본에 대한 정신적인 연대감이 강조되었다면, 선원전의 어진은 그 용안을 직접 대하며 생전의 선왕을 맞이하듯 했을 것이기 때문입니다.

❖ **선원전 제향**

영조 때에 정한 《속오례의續五禮儀》에 의하여 정조(正朝)·한식(寒食)·단오(端午)·추석(秋夕)·동지(冬至)·납일(臘日)에 속제(俗祭)를 행하고, 삼년마다 중춘(仲春)에 택일하여 작헌례를 행하며, 또 각실 탄신에 탄신다례를 행하다가, 1908년의 칙령 제50호 '향사이정령(享祀釐正令)'에 의해 속제는 폐지하고 정조와 각실 탄신다례, 임시 작헌례와 임시 고유제만을 행하기에 이르렀다.

## 어진

조선시대에는 고려시대의 전통을 계승해 왕의 초상인 어진(御眞)을 제작하고 어진만을 특별히 보관하는 진전을 설치했습니다. 태조의 어진만을 받드는 진전은 여러 곳에 마련되었고, 후대 왕의 어진은 궁궐 내에 선원전을 설치해 보관했습니다.

그러나 조선 전기 왕의 어진은 임진왜란 때 대부분 소실되었고, 그 이후 왕들의 어진도 1900년 고종 때 화재로 다시 불탔습니다. 1900년 화재 후 불탄 어진을 수습하여 이모(옮겨 그림)의 과정을 통해 다시 그려진 어진들은 1921년 각 전각의 어진 통폐합으로 창덕궁 ✿신선원전으로 옮겨졌습니다. 신선원전에는 태조, 세조, 원종, 숙종, 영조, 정조, 순조, 익종, 헌종, 철종, 고종, 순종의 어진을 봉안하여 모셨습니다. 신선원전에 봉안되

✿ **신선원전** : 신선원전은 1921년 창덕궁 후원 옛 북영 터에 건립되었다. 정면 14칸 측면 4칸의 규모로 내부에는 좌우 퇴칸을 제외한 12칸에 태조부터 순종까지 어진을 봉안하는 내합이 북면 퇴칸에 구성되어 있다. 선원전은 왕의 어진을 모신 진전으로 그 기능을 침전처럼 인식했기 때문에 내합을 마련하여 어진을 봉안했으며, 위에는 닫집을 설치했다. 현재 신선원전 내부의 12칸에는 용평상과 병풍장식, 보개천장 등 관련 시설이 보존되어 있는데, 조각 형태가 시기적으로 약간씩 다르게 나타나고 있다. 이는 신선원전을 건립할 때 경운궁 선원전을 훼철하여 활용하고 다른 부재로 보충하면서 창덕궁 구선원전의 내부 구조 일부도 옮겨지었기 때문인 것으로 보고 있다.

연잉군(21세 영조) 초상 (국립고궁박물관 소장)

철종 어진 (국립고궁박물관 소장)

었던 어진은 모두 48본(1935년 모사한 세조와 원종의 어진 2본을 포함)인데, 한국 전쟁을 피해 부산국악원으로 옮겨졌다가 1954년 12월 발생한 화재로 불에 탄 영조 어진(연잉군 21세 초상)과 철종의 어진 등 일부만 남고 대부분 소실되었습니다.

태조 어진 (전주 경기전 소장)

# 선원전 탄일다례

영조 38년(1762) 8월 14일 왕은 부왕 숙종의 탄일(음력 8월 15일)을 맞아 밤에 선원전에서 다례를 올렸습니다. 그리고 이튿날은 숙종과 숙종의 계비 인현왕후, 인원왕후의 능인 명릉(明陵)과 원비 인경왕후의 익릉(翼陵)에 전배하였습니다. 왕은 이어서 사친 숙빈 최씨의 묘 소령원(昭寧園)에 나아가 어머니를 뵙고 고양군에 도착하여 백성들을 불러 농사의 형편을 물었습니다.

또한 왕은 정초에 제주에서 올라온 귀한 귤을 선원전에 바쳤습니다. 그리고 실록 기사에는 왕이 선원전에 배례를 할 때 곤룡포를 입었다고 하는데, 이는 종묘에서의 제례가 면복을 갖추어 입고 엄격한 격식에 의해 치러졌다면 선원전의 다례는 좀 더 사적이고 편하게 생각했던 것을 엿볼 수 있습니다.

궁중에는 이렇게 선원전에서 다례를 지내게 된 동기에 관해 전해오는 이야기가 있습니다. 어느 임금 때인가 왕대비께서 선왕의 탄신 날 '그냥 보내기가 너무 섭섭해서' 내전에 조촐한 탄일 수랏상을 차려 놓고 향을 피웠다고 합니다. 이것을 안 왕께서 "그러시다면 아예 분향으로 그칠 것이 아니라 탄일다례(誕日茶禮)를 올리시도록 하오소서" 해서 그때부터 시작되었다는 것입니다.

그런데 이 전승담의 주인공들이 영조와 그 모후(적모嫡母) 인원왕후일 것이라 추측되는데, 《궁궐지》의 기록이 이를 뒷받침해 주고 있습니다. 즉, 《창덕궁지》에 영조가 지은 〈선원전중수기璿源殿重修記〉와 〈중수후기〉에 이르기를 영조 원년 3개월에 걸쳐 선원전을 수리한 사실이 있는데, 그 비용을 왕대비(숙종의 계비 인원왕후 김씨)가 내탕금(內帑金)을 내놓아서 충당함으로써 그 성덕을 기렸고, 다시 30년 후 갑술년(영조 30년)에 또 중수(重修)했다고 적고 있습니다.

또한 선원전 다례의 유래가 '선왕의 탄일을 맞으니 그냥 보내기 섭섭해서'라는 왕대비의 추모의 정에서 비롯되었다는 것은 당시의 풍속을 되돌아볼 때, '섭섭' 이상의 애틋한 마음을 알 수 있습니다. 선왕 탄일을 맞아 선원전에 분향만 올리던 것을 왕대비의 그리워하는 심정을 헤아려서 이때부터 탄일다례로 자리를 잡아간 것으로 보입니다. 대왕대비의 입장에서 선왕 숙종의 어진을 통해 부왕(夫王)의 용안을 뵙고 직접 만나는 날은 궐내의 왕실 사당인 선원전에서의 탄일다례날밖에 없었을 것입니다.

애초에 숙종 한 분의 다례로 시작한 영조 때와는 달리 후대로 내려올수록 당연히 그 대상이 늘어 마지막 황제인 순종 때에는 11위, 1926년 순종 승하 후에는 12위로 불어났습니다. 그래서 홀로 남은 순정효황후 윤씨는 1945년 8 · 15 해방 전까지 20년 동안 사가(私家)의 맏며느리가 제사 받들듯 극진히 몸소 다례를 올렸다고 합니다.

선원전의 제기는 평상시 수랏상과 마찬가지로 은그릇을 사용하는데, 이것은 선원전 다례의 애초 의도가 생신날 낮수라(국수장국)를 올리는 것으로 시작한 데서 연유합니다. 면(국수)이 주식이고, 조석제전이 아닌 점심상 격의 주다례(晝茶禮)이므로 선원전 다례는 낮 12시에 올리고, 주식은 수라가 아닌 면(麵)을 올렸습니다.

## 휘견치마를 두른 왕비

'휘견치마'란 궁중어로 행주치마입니다. 휘견치마는 빨간 비단으로 만든, 행주치마보다는 작은 것이라 하는데 왕비가 이 휘견치마를 두를 때가 있지요. 선원전 다례날 제를 올리기 전 감선(監膳)할 때입니다. 감선이란 옛날 궁중에서 세자가 조석수라 때 부왕과 모비의 수랏상을 사전에 점검하는 풍속으로 효도 조목의 하나였습니다. 선원전 다례는 전적으로 내전 소관이므로 이 경우의 감선은 왕비께서 손수 했습니다. 왕비는 휘견치마를 두르고 제사상을 돌아보며 제수와 제기가 놓인 자리 등을 일일이 점검했습니다.

선원전 다례 날 왕의 복색은 원유관(遠遊冠)에 강사포(絳紗袍)를 입고 홀(笏)을 든 제복 차림이고, 왕비 역시 소례복으로 당의에 족두리 차림이었습니다. 왕과 왕비의 다례 복색이 대례복이 아니라는 데서 종묘제례보다는 덜 엄격한 선원전 다례의 위치를 알 수 있습니다. 순종 승하 후 윤황후는 회장 없는 옥색 저고리, 그 위에 초록 당의를 입었는데, 이때 황후는 '길례(吉禮)'라 화복(華服)은 입었지만, 미망인의 처신으로서 회장을 달지 않은 것입니다. 후원 깊숙한 신선원전에서 윤황후께서 올리는 다례는 몹시 쓸쓸하고 고단했을 듯합니다.

윤황후의 경우 자녀도 없고 양자 격의 영친왕도 일본에 떨어져 있어서 외로운 제주 노릇을 할 수밖에 없었겠지요. 그러나 제대로 왕실이 존재했던 시절이라면 왕비 주관으로 내전에서 다례상을 차리되, 배례(拜禮)하는 인원수가 많아 우선 왕과 세자, 그리고 왕비는 물론 왕대비, 대왕대비, 세자빈이 참여하고 출가한 공주와 부마, 내외 종친들까지 참여하였습니다. 선원전은 국가적인 의례의 공간이기보다 왕실 가묘의 성격을 지녔고, 제례의 방식에 대해서도 집안의 예의 따라 이루어졌습니다.

선원전 뒤편에 자리한 숙경재는 왕실 여인들이 전배하는 내재실(內在室)로 진전의 음식을 장만하는 주방과 생물방 가까이에 위치했습니다. 내재실을 북쪽에 배치한 것은 선원전에서 다례를 드릴 때 남자들과 왕실 여인들이 서로 마주치지 않도록 하기 위해 고려한 것으로 보입니다. 이렇게 왕실의 사당으로 받들던 창덕궁 궐내각사에 있는 구선원전은 현재 건물만 덩그렇게 남아 있을 뿐입니다.

종묘와 선원전 제례의 차이점

| | 특징 | 종류 | 시각 | 왕의 복장 | 음식 | 그릇 | 음식 준비 |
|---|---|---|---|---|---|---|---|
| 종묘 | 신주를 모심 | 대사 | 축시 일각 (밤 1시 15분) | 면복 | 제사 음식 | 놋그릇 대나무그릇 나무그릇 | 전선사 (典膳司) 남자 |
| 선원전 | 어진을 모심 | 속제 | 오정 (午正: 낮) | 익선관 곤룡포 (원유관 강사포) | 차례 음식 | 은그릇 | 왕후 참여 궁녀 |

# 7 종묘제례, 유교문화의 걸작이 되다

종묘제례 봉행은 경복궁에서 종묘로 가는 어가행렬로부터 출발합니다.

## 종묘제례 봉행

현재 5월에 봉행되는 종묘제향의 화려하고 장엄한 장면은 경복궁에서 출발하는 어가행렬로 시작합니다. 경복궁을 출발하여 세종로 사거리를 거쳐 종로로 해서 종묘에 드는 어가행렬은 1년에 한 차례 볼 수 있는 장엄의 극치입니다. 가끔 다른 제례(사직대제 등)에 어가행렬이 재현되지만 종묘제례가 열리는 5월에 종로를 통해 외대문으로 들어오는 어가행렬에 비교할 바는 아닙니다.

어가행렬

어가의 출발을 알리는 큰북

경복궁을 출발하는 어가

2001년 종묘제례가 종묘제례악과 더불어 유네스코 '인류구전 및 무형유산 걸작'으로 선정되었습니다. 현재 해마다 종묘에서는 국가의례의 재현으로 봄가을에 두 차례 종묘제례가 봉행되고 있습니다. 매년 5월 첫째 주 일요일에 봉행하는 춘향대제는 종묘대제(宗廟大祭)라는 이름으로 2006년부터 국제문화행사로 치러지고 있습니다. 그리고 2011년부터 11월(첫째 주 토요일)에 지내는 추향대제는 춘향대제와 크게 다르지는 않지만 전주이씨 대동종약원의 종친 중심의 황실 제향으로 봉행됩니다.

원래 종묘제례의 봉행은 신들이 찾아오는 어두운 시각 축시(丑時: 오전 1시~3시)에 맞춰 왕과 왕세자 및 백관이 참여하여 매우 엄숙하고 장엄한

종로로 향하는 어가행렬

세종대로를 지나는 어가

가운데 치러졌습니다. 현재는 오전에 영녕전 제향을 시작하여 오후 정전 제향까지 하루가 꼬박 걸리는 국가적인 문화 행사로 제향이 봉행되고 있습니다. 조선시대 당시에는 국가 제향으로 오롯이 왕실에서 주관하여 조상신께 제사를 올렸다면, 이제는 국제적인 문화 행사로서 많은 사람들의 관심 속에 치러지고 있습니다. 이처럼 종묘제례는 이제 우리나라뿐만 아니라 세계유산으로서의 위상에 걸맞게 외국인들도 우리의 독특한 전승문화에 관심을 보이고 있습니다. 그러나 한밤중의 정막 속에 치러지던 제향이 낮 시간으로 바뀌면서 그 분위기를 제대로 짐작할 수 있을까 하는 아쉬움은 어쩔 수 없습니다.

## 600년을 이어온 조선왕실의 제례

같은 동양문화권에서 중국의 유교적 태묘제도를 받아들인 조선왕조의 종묘가 세계유산으로 등재된 이유는 그 형태적 보존과 제례의 연속성에 있다고 봐야 하겠습니다. 중국의 태묘나 일본의 국가 사당에서는 더 이상의 제례가 행해지지 않습니다. 우리나라 종묘는 제왕을 기리는 유교 사당으로 제향을 통해 600년의 전통의식을 지금까지 이어오고 있는 곳입니다.

면복으로 갈아입고 정전으로 향하는 황사손

다음은 종묘가 세계유산으로 등재된 이유를 설명하는 김봉렬 교수(한국예술종합학교)의 말입니다.

"500년 조선왕조 선왕의 신위를 모시고 의례를 유지하고 있는 것은 종묘가 유일하다. 중국에도 고대부터 종묘와 같은 태묘(太墓)가 있었으나 한 왕조가 멸망하고 새 왕조가 성립되면 가장 먼저 전복된 나라의 종묘를 없애고 신왕조의 종묘를 신축하는 것이 역사적인 통례였으므로 최후 왕조인 청 태묘만이 북경에 남아 있다. 그나마 공산혁명기를 겪으면서 의례는 중단되었고 건물들도 개조되었다. 일본의 경우는 천황들을 신사에 모셨기 때문에 종묘와 같은 예제적 건축은 나타나지 않는다. 유교문화권 가운데서는 조선왕조의 종묘가 유일하게 보존되고 그 의례가 운영되고 있다."

❖ **베트남의 제례문화**

베트남에서도 응우옌 왕조의 제례문화가 2013년 4월 13일 유네스코 세계문화유산으로 지정되어, 베트남의 시조 훙(hung) 왕의 제례가 매년 푸토(phu tho) 성의 사원에서 열리고 있다. 베트남은 한・중・일 동아시아 국가와 마찬가지로 유교를 근본으로 한 제례의 오랜 역사를 가지고 있다. 응우옌 왕조는 통치 질서와 새 왕조의 정통성을 확립하기 위해 수도 후에에 남교단, 사직단, 문묘 등을 세우고 하늘과 땅, 그리고 유가의 선현들을 위한 제사를 지내왔다. 또한 조선과 명·청의 종묘가 궁 밖에 조영된 것과 달리 응우옌 가문 선조들이 신위를 모신 태묘와 역대 황제의 신위를 모신 세묘를 황성 안에 세웠다. 황제는 이곳에서 조상에게 때마다 제사와 다례를 올렸으며, '예악일체'의 개념으로 궁중음악인 냐냑(雅樂)을 함께 연주하였다.

## 예를 소중히 여기는 의식

《국조오례의》에 규정하기를 조선시대 예제(禮制)의 대상에는 오례(五禮 : 길례, 흉례, 군례, 빈례, 가례)가 있었고, 제사 의례인 길례(吉禮)는 대사(大祀)·중사(中祀)·소사(小祀)로 나뉩니다. 종묘대제는 사직대제와 함께 대사(大祀)에 속하여 임금이 친히 받들었던 가장 격식이 높은 의례였습니다. 종묘제례는 종묘에서 왕실의 조상들에게 지내는 제사로, 종묘대제(宗廟大祭) 또는 대향(大享)이라 부르기도 합니다. 조선왕실의 후손으로서 왕이 친히 제향을 봉행하여 조상에 대한 효를 행하고 국가의 평안과 번영을 기원하는 조

정전의 신실 문 밖 퇴칸

선왕조의 가장 큰 국가 의례로 임금을 비롯한 왕세자, 제관(祭官), 문무백관, 악공, 일무원 등 700여 명이 참가하였습니다. 조선왕조의 역대 왕과 왕비, 그리고 나라에 공이 있는 공신의 신위가 봉안되어 있는 종묘에서 제향을 올리는 종묘제례는 예(禮)를 소중히 여긴 조상들이 유교 사회의 도덕적 가치를 의례 형식으로 보여준 귀중한 의식으로 웅장함과 엄숙함이 돋보입니다.

제례는 임금이 직접 행하는 친행(親行)과 왕세자나 대신으로 하여금 대행하게 하는 섭행(攝行)이 있었으며, 친행과 섭행은 제관의 명칭과 품계 또는 축문(祝文)의 내용이 달랐으나 그 진행의 절차는 크게 다르지 않았습니다. 종묘 제사에 관한 의례 절차는 《국조오례의》, 《종묘의궤》, 《춘관통고春官通考》, 《대한예전大韓禮典》 등에 수록되어 있습니다.

❖ 제향의 단절과 재개

조선시대의 정전 제향은 4맹월(四孟月) 상순, 즉 1·4·7·10월의 각 10일 이내와 납일(臘日), 즉 동지 후 셋째 미일(未日)에 대향(大享)을 드렸고, 매월 삭망과 5속일(五俗日: 정조·한식·단오·추석·동지)에는 소사(小祀)를 지냈다. 영녕전의 제사는 4월과 8월 상순에 행하였다.
조선 창건 이후 600여 년을 끊임없이 이어오던 종묘제례는 1908년부터 납제(臘祭)가 폐지되고, 1939년부터는 음력을 양력으로 바꾸어 양력 3·6·9·12월 상순으로 변경 시행되다가, 일제강점기 동안에는 이왕직(李王職) 주관으로 향화(香火)만 올렸다. 그리고 이마저 1945년 광복 후에 모두 폐지되었다가 1969년에 전주이씨대동종약원이 주관하여 제향을 봉행했으며, 1971년부터 매년 5월 첫째 일요일에 전통제례의식으로 대제를 봉행하였다. 현재는 일 년에 두 차례 열리는 종묘제례로 봄에 열리는 종묘대제가 있고, 11월 첫째 토요일에 봉행되는 추향대제가 있다.

## 제사의 종류와 절차

종묘제례는 조선시대에는 정시제(定時祭)와 임시제(臨時祭)를 지냈습니다. 정전에서 지내는 정시제는 매년 정기적으로 지내는 제사로 오향(五享)이라 하여 봄 여름 가을 겨울의 첫 달인 1월, 4월, 7월, 10월 상순에 한 번씩, 그리고 납향(臘享: 동지 후 세 번째 미일未日)을 더하여 일 년에 모두 다섯 번 지냈습니다. 영녕전에는 봄, 가을 2회만 제사를 올렸습니다. 임시제는 나라에 좋은 일이나 나쁜 일이 있을 때 부정기적으로 지내던 제사입니다. 왕실의 경사나 중요한 일, 혹은 나라에 변란이 일어났을 때에 고하는 고

종묘제례 봉행을 위해 도열한 제관들

유제(告由祭), 기우제나 기청제, 그리고 계절 따라 햇과일과 햇곡식이 나오면 올리는 천신의식(薦新儀式) 등 많은 임시제가 거행되었습니다.

왕은 제례에 참석하기 위해 제향 당일 새벽(제사가 새날 축시이므로 하루 전이다) 문무백관을 거느리고 궁궐을 떠나 종묘에 도착하여 먼저 종묘에 인사드리는 망묘례(望廟禮)를 행합니다. 이어 종묘 신실의 내외를 두루 살펴보는 봉심(奉審)을 한 후, 제례 때 사용하는 제기(祭器)의 청결 상태를 확인하는 성기의식(省器儀式)에 참여합니다. 오후에는 선왕들께 올릴 희생(犧牲: 소·양·돼지)의 비척(肥瘠: 살찜과 야윔)을 검사하는 성생의식(省牲儀式)을 행합니다.

이제 임금은 재궁(齋宮)에서 밤을 지내고 재계를 마친 후, 새날 축시 일각(새벽 1시 15분)이 되면 많은 촛불과 등잔유(燈盞油) 그리고 횃불이 신실의 안팎과 묘정(廟庭)을 밝히는 가운데 신에게 제향을 올립니다. 제례는 유교 예법에 맞추어 신을 맞아들이는 영신(迎神)과 신에게 음식을 바쳐 신을 즐겁게 하는 진찬(進饌), 신에게 술을 올리는 삼헌례(三獻禮), 신이 주는 복을 받는 음복례(飮福禮), 그리고 신을 보내드리는 송신(送神)의 순서로 절도 있는 격식에 맞추어 장엄하게 진행되었습니다.

제례에는 왕과 왕세자, 영의정을 비롯하여 제관이나 집사로 이조, 예조, 호조판서 등 다양한 직책의 많은 신하들이 참석했습니다. 최근에 봉행하는 종묘대제에는 제관(祭官) 약 320명, 악사(樂士) 약 100여 명, 그리고 일무원(佾舞員)은 64명에 이르는 규모입니다.

왕은 면류관을 쓰고 면복(십이장복)을 입고 붉은 버선, 붉은 신발을 신고 규(圭)를 손에 듭니다. 문무백관의 제복은 품계에 따라 다소 다르지만, 제관(祭冠)을 쓰고 검은색 명주로 만든 상의를 입고 방심곡령(方心曲領)을 둘렀

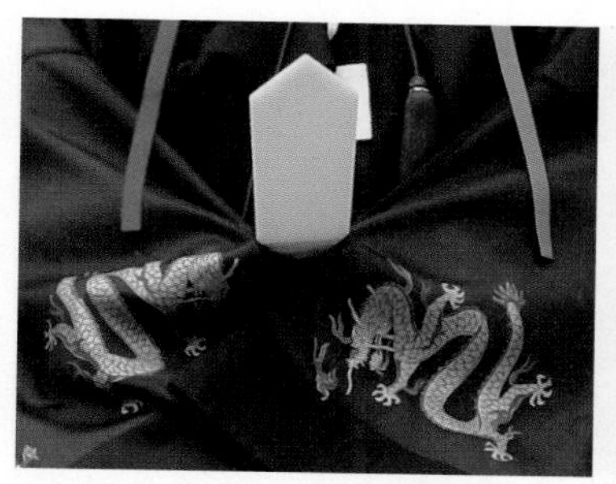

규(圭)

홀(笏)

습니다. 아래는 붉은 명주 치마에 패옥과 후수를 두르고 폐슬을 착용하고, 흰 버선에 흑피화(黑皮靴)를 신고 홀(笏)을 듭니다. 제례 때 왕이 잡는 규는 산처럼 위가 뾰족하고, 제관의 홀은 위가 밋밋하게 둥근 모양으로 구분됩니다.

종묘 제례 절차

| 의미 | 차례 | 음악 | 무용 |
|---|---|---|---|
| 신을 맞이하는 절차 | 취위(就位) | 헌가 보태평 | 문무 보태평 |
| | 신관례(晨祼禮) | 등가 보태평 | 문무 보태평 |
| 신이 즐기는 절차 | 궤식례(饋食禮) | 헌가 풍안지악 | |
| | 초헌례(初獻禮) | 등가 보태평 | 문무 보태평 |
| | 아헌례(亞獻禮) | 헌가 정대업 | 무무 정대업 |
| | 종헌례(終獻禮) | 헌가 정대업 | 무무 정대업 |
| 신이 베푸는 절차 | 음복례(飮福禮) | | |
| 신을 보내는 절차 | 철변두(撤籩豆) | 등가 옹안지악 | |
| | 송신 사배(送神四拜) | 헌가 흥안지악 | |
| | 망료례(望燎禮) | | |

(전주이씨대동종약원 소장)

종묘제례의 모든 의식을 진행하는 집례입니다.

❖ 제관의 역할

- **초헌관(初獻官)**: 첫째 잔을 올리는 사람으로 조선시대에 왕이 직접 제례를 지내는 친제(親祭)의 경우 왕이 초헌관이 되었다. 왕실이 없어진 뒤로는 이구 황태손이 초헌관 봉행을 하다가 2005년 세상을 떠나자 왕실의 후계자로 지명된 이원 황사손이 봉행하고 있다.
- **아헌관(亞獻官)**: 둘째 잔을 올리는 사람(친제의 경우 세자가 맡음)
- **종헌관(終獻官)**: 셋째 잔을 올리는 사람(친제의 경우 영의정이 맡음)
- **집례(執禮)**: 의식을 집행하는 사람
- **예의사(禮儀使)**: 초헌관을 모시는 사람
- **천조관(薦俎官)**: 조(상床)를 들고 가는 사람
- **봉조관(捧俎官)**: 삼숙(익힌 고기)을 들고 가는 사람
- **대축관(大祝官)**: 축문 읽는 사람
- **알자(謁者)**: 헌관과 천조관, 봉조관을 인도하는 사람
- **찬인(贊引)**: 모든 집사를 인도하는 사람

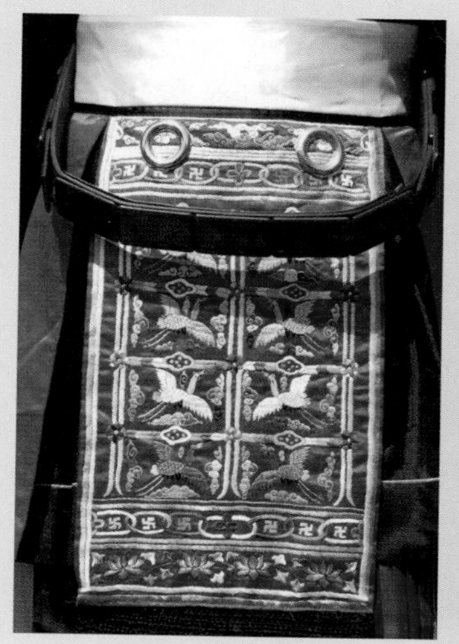

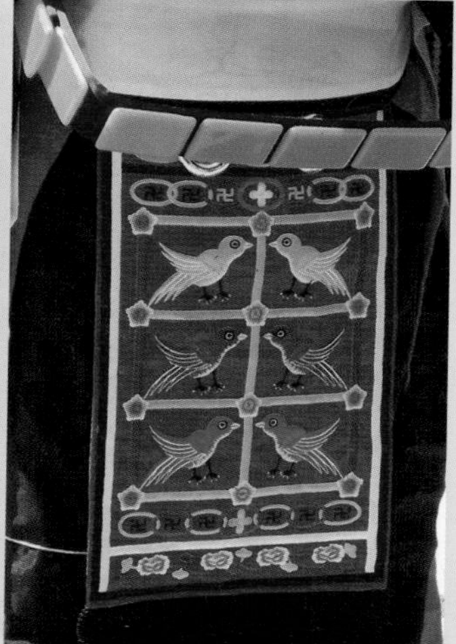

화려한 문양으로 수놓은 제관의 후수

❖ 제기(祭器)

종묘 제사가 왕실의 근본에 대한 보답으로 조상에게 지내는 제사였기 때문에 처음에는 목기나 도기 등 질박한 제기를 사용했다. 그러나 후대로 가면서 국가 제사로서의 격을 높이고 왕실의 권위를 세우기 위하여 용·봉황·산 등과 같은 위엄 있는 문양을 장식한 유기그릇을 사용했다.

예(禮)의 시초는 음식(飮食)에서 비롯되었다는 말과 같이 제상(祭床)에 차려지는 제기(祭器)와 음식은 국가 제례라는 위상에 걸맞게 정성을 다해 마련되었다. 제기 중에는 대나무로 만든 변(籩)과 나무로 만든 두(豆), 그리고 구리(조선 후기에는 유기)로 만든 보(簠)와 궤(簋) 등이 있다.

숙종 연간에 편찬된 종묘의 제도 및 제례의식에 관한 제반 사항을 기록한 《종묘의궤》에는 각 신실의 제상(祭床)에 올리는 제기만 해도 64기(器)로 나타나 있다. 제기는 각 그릇마다에 고풍스러운 형태를 갖추고 음양오행의 철학적인 의미를 담고 있다.

제기고의 제기들

❖ 제향의식에 사용하는 제기

- **향로**(香爐): 초헌관이 향을 피워 하늘의 혼(魂)을 불러 모시는 의식에 사용
- **향합**(香盒): 향을 담아 두는 그릇

(국립고궁박물관 소장)

❖ 손을 씻을 때 사용하는 제기

- **세뢰**(洗罍): 맑은 물을 담아두는 놋쇠 그릇
- **세**(洗): 손을 씻는 물그릇(어관세이는 왕을 위한 그릇이다.)
- **세작**(洗勺): 세뢰의 물을 뜰 때 사용하는 국자

왕이 손을 씻을 때 사용하는 제기들(어관세이, 세작, 수건, 세)

❖ 제수(祭需)

제기를 정성스레 마련하듯 음식 또한 정결하게 준비한다. 제수로는 소·돼지·양 고기 등 3생(三牲)의 날것과 익힌 고기 6종, 그리고 간을 한 것과 하지 않은 고깃국 6종, 포 2종, 젓갈 4종, 채소 절임 4종, 곡식 4종, 떡 6종, 과일 5종, 기타 5종 등을 각 신실의 일정한 위치에 놓는다.

❖ 제수를 담는 제기의 명칭 및 종류

- **보(簠)**: 곡식(쌀稻·수수粱)을 담는 그릇
- **궤(簋)**: 곡식(메기장黍·찰기장稷)을 담는 그릇
- **등(甄)**: 소금 등 양념으로 간을 하지 않고 끓인 맑은 고깃국을 담는 그릇
- **형(鉶)**: 고기와 채소를 넣고 끓인 국을 담는 그릇
- **변(籩)**: 마른 음식(포脯·밤栗)을 담는 그릇
- **두(豆)**: 젖은 음식(절인채소菹·젓갈醢)을 담는 그릇
- **생갑(牲匣), 천조갑(薦俎匣)**: 소, 양, 돼지의 생고기와 익힌 고기를 담는 그릇
- **조(俎)**: 신께 삼숙을 올릴 때 사용하는 받침대

제수를 차린 제상

❖ **제기** (국립고궁박물관 소장)

**보(簠)**
쌀과 수수를 담아 상 가운데에 진설한다.

**궤(簋)**
메기장과 찰기장을 담아 보의 앞줄에 진설한다.

**등(㽅)**
대갱(간을 하지 않고 끓인 돼지, 양, 소고기국)을 담아 제일 뒤에 진설한다.

**형(鉶)**
화갱(조미료를 가미해 끓인 돼지, 양, 소고기국)을 담아 등의 앞줄에 진설한다.

**변(籩), 두(豆)**
변은 마른 음식이나 물기 없는 음식을, 두는 물기 있는 음식을 담는다.

**조(俎)**
소, 양, 돼지 등 희생을 올리는 데 사용한다.

❖ 제주(祭酒)

음식과 함께 술의 진헌은 공경과 정성을 표현하는 제향의 핵심 요소이다. 종묘 제향의 준소상에는 8개의 술 단지를 계절별로 종류를 달리하여 올렸다. 제주(祭酒)는 4종류의 술을 사용하는데, 영신(迎神)의 절차인 신관례 때는 기장[粱]과 향기가 있는 울금초(鬱金草)로 빚은 울창주(鬱鬯酒), 초헌례 때는 단술[甘酒]인 예제(醴齊), 아헌례 때는 흰빛술[白酒]인 앙제, 종헌례 때는 빚은 지 오래되어 숙성이 잘된 술[過夏酒]인 청주(淸酒)를 각각 올렸다.

술과 함께 명수(明水), 현주(玄酒)라고 칭하는 물을 진설하였는데, 이는 태고(太古)에 술이 없었던 때를 잊지 않기 위해서이며, 담아만 놓고 사용하지는 않았다. 술과 물을 담는 준(尊: 술단지)의 형태와 문양은 계절에 따라 서로 다른 것을 사용하였다.

❖ 제주를 담는 술그릇

- **용찬(龍瓚)**: 강신주(降神酒)인 울창주(鬱鬯酒)를 담아 지하의 백(魄)을 모시는 의식에 쓰이는 놋쇠 그릇
- **계이(鷄彝)**: 봄, 여름에 명수(明水)를 담는 닭 모양이 새겨진 놋쇠 술통
- **조이(鳥彝)**: 봄, 여름에 울창주(鬱鬯酒)를 담는 봉황 모양이 새겨진 놋쇠 술통
- **희준(犧罇)**: 소 모양의 술통으로 봄과 여름 제사에 한 쌍을 사용하며, 명수와 예제(醴齊)를 각각 담아서 초헌례에 사용하는 놋쇠 그릇
- **상준(象罇)**: 코끼리 모양의 술통으로 봄과 여름 제사에 한 쌍을 사용하며, 명수와 앙제(盎齊)를 담아 아헌례에 사용하는 놋쇠 그릇
- **산뢰(山罍)**: 청주(맑은 술)와 현주를 담아 종헌례에 사용하는 놋쇠 그릇
- **작(爵)**: 술(酒)을 담는 잔으로 국가에서 행하는 제사와 궁중에서 쓰이는 술잔을 한 격 높인 놋쇠 술잔
- **용작(龍勺)**: 술통의 술을 떠서 작을 채우는 국자
- **멱(冪)**: 마포건(麻布巾)으로 만들어 구름 무늬를 그려 술통 뚜껑으로 사용

산뢰를 덮은 멱과 위에 올린 용작

❖ **술그릇** (국립고궁박물관 소장)

**용찬(龍瓚)**

신관례 때 울창주를 담아 지하의 백(魄)을 모시는 데 사용한다.

**계이(鷄彝), 조이(鳥彝)**

봄, 여름 제사 때 명수와 울창주를 담아 준소상에 진설한다.

**희준(犧尊)**

봄 여름 제사 때 명수와 예제를 담아 준소상에 진설한다.

**상준(象尊)**

봄 여름 제사 때 명수와 앙제를 담아 준소상에 진설한다.

**산뢰(山罍)**

청주와 현주(맑은 물)를 담아 준소상에 진설한다.

**용작(龍勺)**

**작(爵), 점(坫)**

작은 술잔으로 제상 제일 앞에 놓는다. 점은 받침대이다.

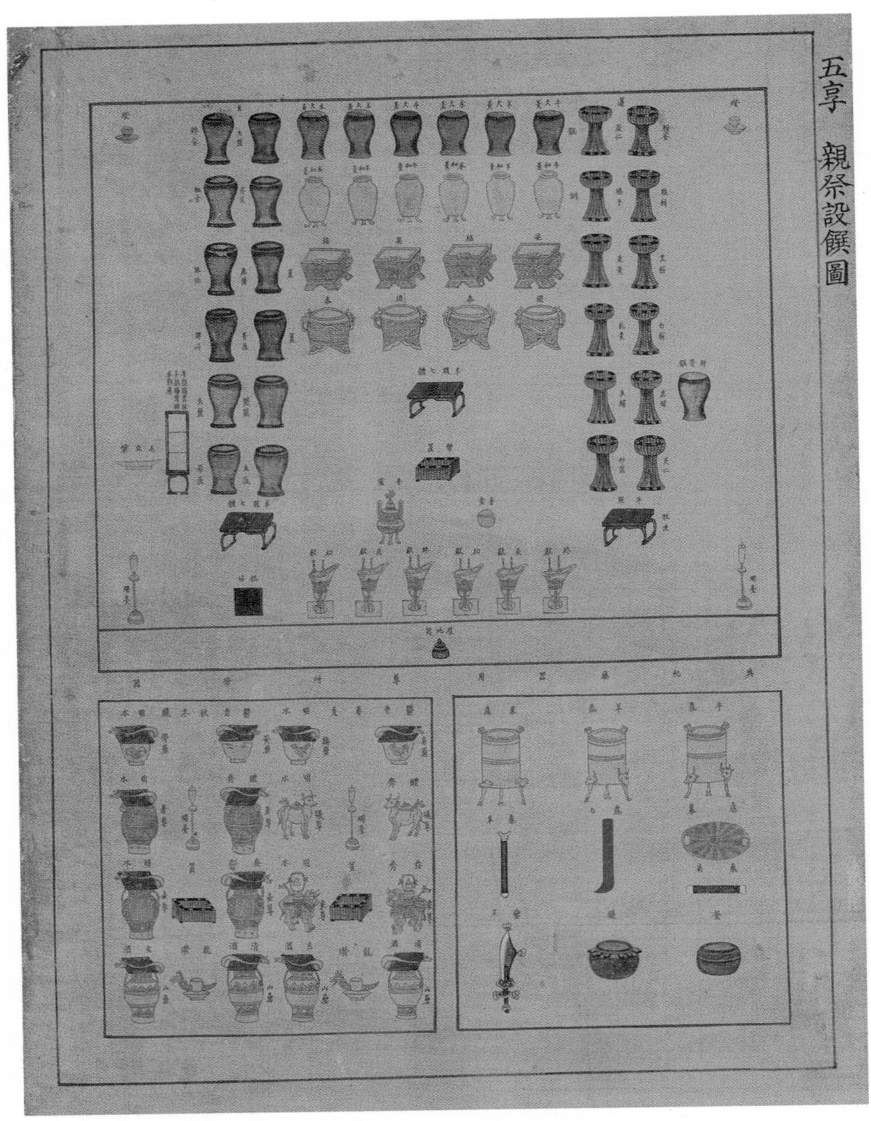


《종묘친제규제도설병풍》 제6폭 〈오향친제설찬도〉 (국립고궁박물관 소장)
종묘제례 때 제상(위쪽)과 준소상(아래 왼쪽)의 제기 배치와 전사청의 제기(아래 오른쪽)를 그린 병풍 그림

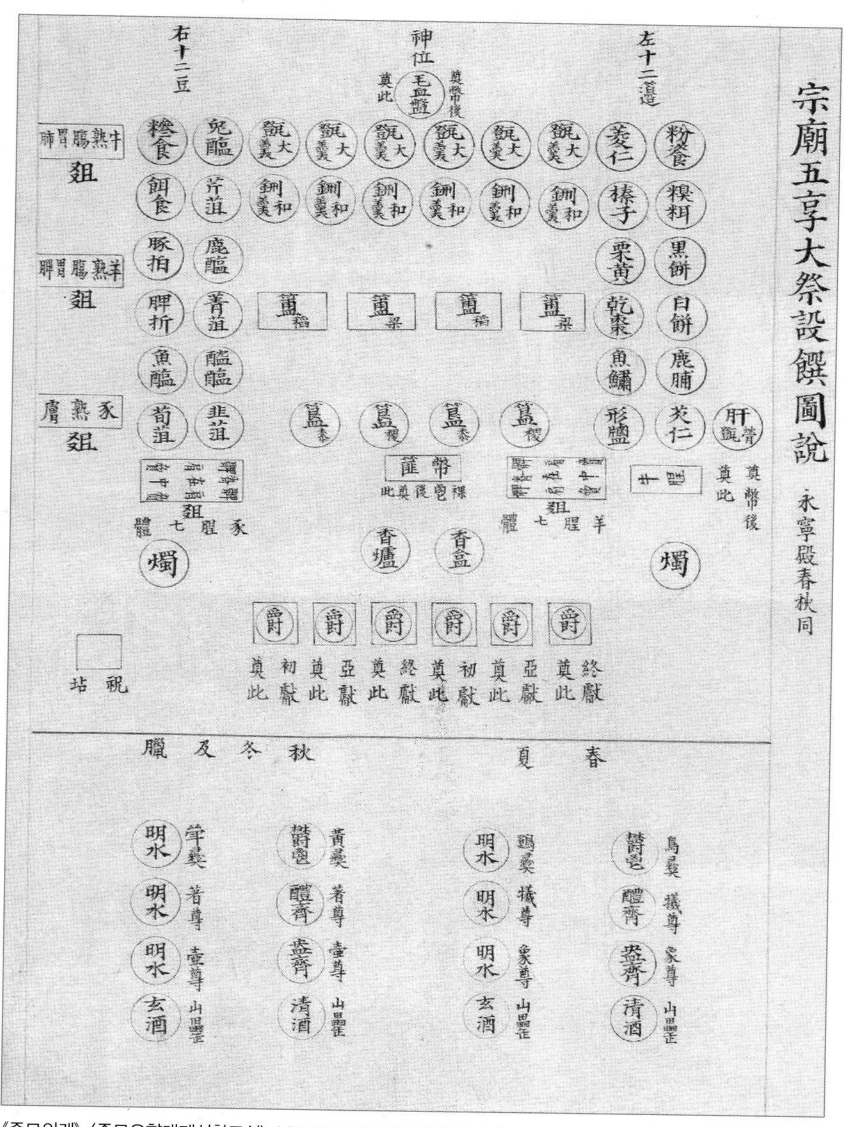


《종묘의궤》〈종묘오향대제설찬도설〉(서울대학교 규장각한국학연구원 소장)
종묘제례 때 제상과 준소상에 차려지는 제기와 제기에 올리는 제수 및 제주의 위치를 표시한 내용

현재는 종묘 정전의 남신문(南神門)에서 축함(祝函)을 들고 신로를 따라 들어오는 봉축의례(奉祝儀禮)를 시작으로 제례가 시작됩니다.

영신례(迎神禮)는 신을 맞이하기 위해 준비하는 절차로서 먼저 제관 이하 참석자 모두가 미리 정해진 자리에 가서 섭니다(취위就位). 상월대에는 악대 등가(登架)가 자리 잡고, 하월대에는 종친과 문무관, 일무원 및 악대 헌가(軒架)가 자리 잡았습니다. 제관들은 신을 맞이하기 위해 몸과 마음을 정결히

봉등을 앞세우고 들어오는 축함 (전주이씨대동종약원 소장)

관세의식을 행하는 제관들 (전주이씨대동종약원 소장)

제관들이 손을 씻는 물그릇 세(洗)

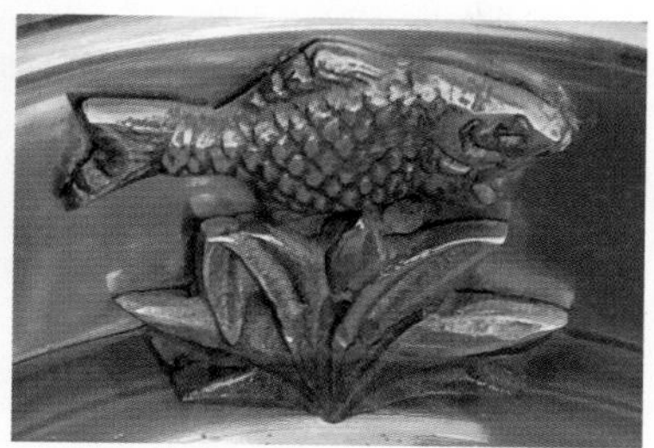

세(洗) 안쪽 물고기 문양

하는 의미로 손을 씻는 관세의식을 합니다.

그리고 신실에서는 신주를 받들어 신좌(神座)에 내어 모시는 출주(出主) 의식을 하는데, 선왕(先王)과 선후(先后)의 혼령을 자리에 편안히 모시는 것입니다.

이제 모든 준비를 마쳤으니 신이 강림하여 후손이 올리는 제향을 즐기도록 신을 모셔 와야 합니다. 신을 모실 준비가 다 되면 왕은 동문을 통해 묘정(廟庭)으로 들어와 제관들과 국궁사배(鞠躬四拜: 예를 갖추어 네 번 절을 함)를 합니다.

신실 앞 퇴칸에 차려진 준소상

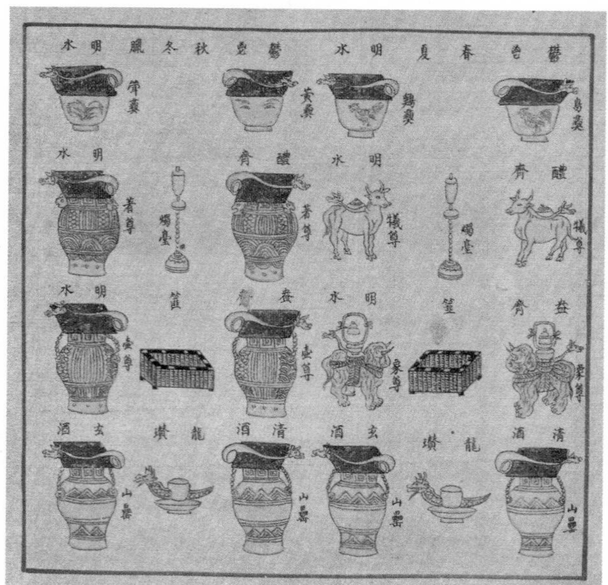

《종묘친제규제도설병풍》 제6폭 〈오향친제설찬도〉 (국립고궁박물관 소장)
종묘제례 때 신실 문 밖 준소상의 제기 배치 병풍 그림

(전주이씨대동종약원 소장)

제관들이 봉무 위치로 이동하고 있습니다.

신실에 차려진 제상 (전주이씨대동종약원 소장)

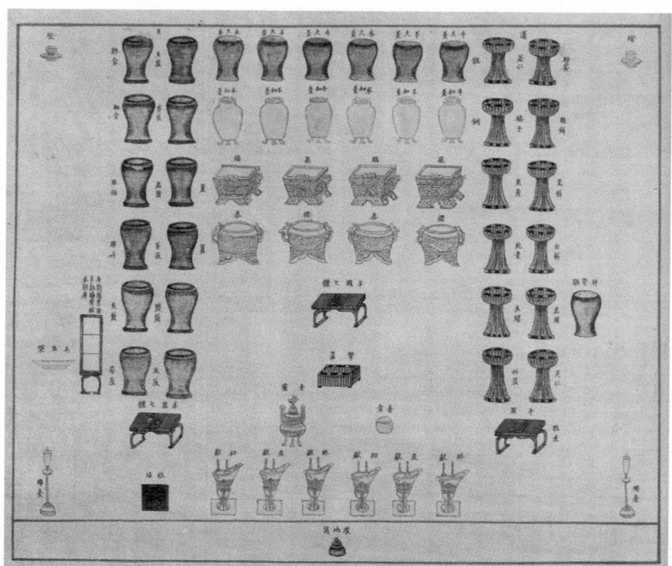

《종묘친제규제도설병풍》 제6폭 〈오향친제설찬도〉 (국립고궁박물관 소장)
종묘제례 때 제상의 제기 배치 병풍 그림

신주를 꺼내어 신탑에 모시고 있다. (전주이씨대동종약원 소장)

신주독을 열어 신탑에 모신 신주 (전주이씨대동종약원 소장)

## 신관례와 전폐례

제관들이 모두 들어서면 신을 강림(降臨)케 하는 의식을 합니다. 신관례(晨祼禮)는 하늘로부터 혼(魂)을 모시기 위해 향을 세 번 피우고(三上香), 땅으로부터 백(魄)을 모시는 의미로 술(울창주)을 세 번에 나누어 관지통(灌地桶筒)에 붓습니다. 향을 피우고 술을 땅에 붓는 의식은 하늘에 있는 양신(陽神)과 땅에 있는 음신(陰神)이 합해져서 조상의 혼백을 함께 모시는 데서 연유합니다.

이어서 신에게 바치는 예물로서 흰 모시를 올리는 전폐례(奠幣禮)가 뒤를 잇습니다. 마치면 계속해서 각 실(室)로 나아가 위의 의식과 똑같이 진행합니다. 이때 제례악은 헌가의 보태평(保太平) 중 영신 희문을 연주하고, 일무원들은 조상의 문덕을 기리는 보태평 춤을 춥니다.

향을 피우는 의식 (전주이씨대동종약원 소장)

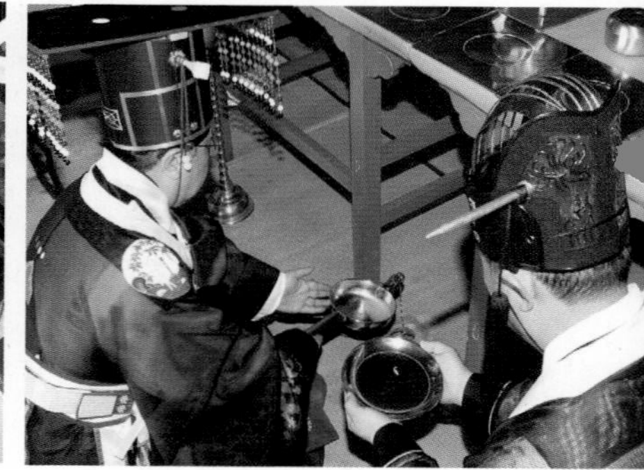

울창주를 관지통에 붓는 의식 (전주이씨대동종약원 소장)

헌폐하는 초헌관 (전주이씨대동종약원 소장)

제례가 행해지는 동안 악공들은 음악을 연주하고 일무원들은 춤을 춥니다.

(전주이씨대동종약원 소장)

전폐례를 마친 황사손께서 신실을 나오고 있습니다.

황사손께서 소차에서 다음 제례 절차를 기다리고 있습니다.

신(神)이 제전에 강림하면 신에게 음식을 올리는 궤식례(饋食禮: 천조례薦俎禮라고도 함)를 합니다. 익힌 고기, 즉 삼숙(三熟)을 올리는데, 삼숙은 소와 양의 장(腸), 위(胃), 폐(肺)와 돼지 살코기(시부豕膚)를 삶아 익힌 것입니다. 제1실인 태조실에 올리는 삼숙을 봉조관(奉俎官)이 받들고 신로를 따라 들어와 신실에 이르면, 천조관(薦俎官)이 이를 받아 봉헌하고 대축이 받들어 신위 앞에 놓습니다.

천조 전에 보와 궤의 뚜껑을 여는 제관 (전주이씨대동종약원 소장)

천조관과 봉조관이 신로를 따라 들어오고 있다.

삶은 고기를 올리는 천조 (전주이씨대동종약원 소장)

그리고 천조관과 봉조관이 대계에 이르기 전 신실에서는 미리 잡은 소, 양, 돼지의 털과 피, 창자 사이에 있는 기름 및 간(肝)과 함께 신위 앞에 올립니다. 그중 간(肝)을 취하여 준소(尊所) 밖에 놓여 있는 노탄(爐炭: 숯을 담은 화로)에서 부정(不淨)을 제거하는 뜻으로 태웁니다. 이때 헌가(軒架)는 풍안지악(豊安之樂)을 연주합니다. 악(樂)이 그치면 이번에는 서(黍: 수수), 직(稷 : 피), 소(蕭 : 쑥)에 기름을 발라 노탄에서 태웁니다. 이것은 땅에서 자라는 동식물을 신께 봉헌(奉獻)하는 의식을 통해 국가의 안녕과 풍년을 기원하는 의미를 나타내는 것입니다.

노탄 (전주이씨대동종약원 소장)

## 초헌례, 아현례, 종헌례

작(爵), 점(坫) (국립고궁박물관 소장)

다음은 신이 제향을 즐기는 절차로서 상월대에 위치한 등가(登歌)에서 보태평(保太平) 곡을 연주하고, 묘정에서는 일무원들이 보태평 춤을 춥니다. 이때 왕은 신위 앞에 나아가 예제(醴齊: 단술)로서 첫 술잔을 올리는 초헌례(初獻禮)를 행합니다.

외봉관이 건네는 작(爵)을 신실의 내봉관이 받들고 있다. (전주이씨대동종약원 소장)

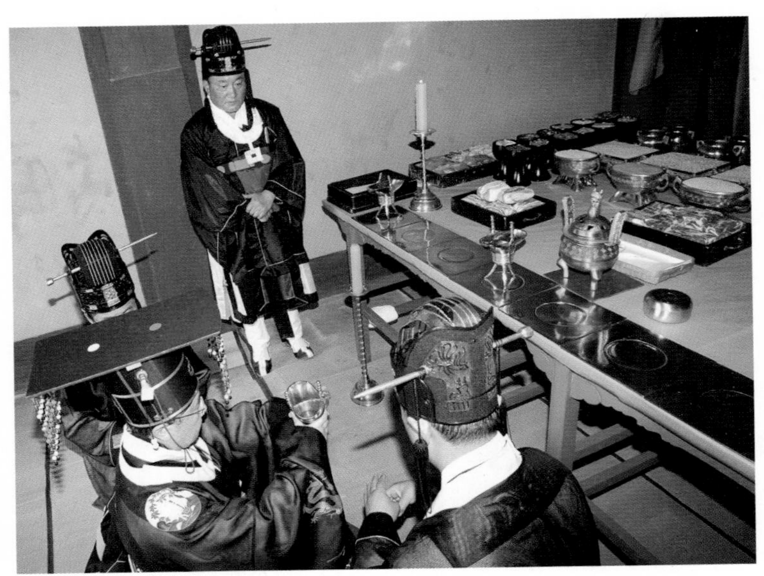

첫 술잔을 올리는 초헌관 (전주이씨대동종약원 소장)

제향을 올릴 때 술을 세 번 올리는데, 이를 헌작(獻爵)이라 하고, 술을 올리는 사람을 헌관(獻官)이라 합니다. 첫 잔을 올리는 왕이 초헌관(初獻官)이 되고, 두 번째로 헌작하는 왕세자가 아헌관(亞獻官), 세 번째로 헌작하는 영의정이 종헌관(終獻官)이 됩니다.

초헌례를 마치면 잠시 악(樂)이 멈추고 독축(讀祝: 축문 낭독)을 하고, 이를 마치면 다시 악(樂)을 연주합니다. 이렇게 각 실로 나아가 술잔 올림을 똑같이 합니다.

왕의 초헌이 끝나면 이어서 왕세자가 앙제(흰빛 술)를 올리는 아헌례(亞獻禮)를 합니다. 이때 하월대의 헌가(軒架)는 정대업(定大業) 곡을 연주하고, 일무원들은 정대업 춤을 춥니다. 이어서 영의정이 청주(淸酒: 맑은 술)를 올리

축문을 낭독하는 대축 (전주이씨대동종약원 소장)

는 종헌례(終獻禮)가 정대업 곡의 연주와 정대업 춤으로 펼쳐지면서 아헌례와 같은 방식으로 진행됩니다.

한편 종헌례가 진행되는 동안에 정전 월대 아래의 공신당과 칠사당에서는 배향공신과 칠사(七祀) 신에 대한 제사가 함께 행해집니다.

(전주이씨대동종약원 소장)

대축이 축문을 낭독하는 동안 신실 밖의 제관들도 예를 올립니다.

(전주이씨대동종약원 소장)

헌작이 진행되는 동안 음악과 춤으로 조상을 기쁘게 합니다.

종헌례가 끝나면 신이 후손에게 복을 베푸는 절차인 음복례(飮福禮)가 이어집니다. 조상신(祖上神)이 흠향(歆饗)한 제1실의 술(복주福酒)과 음식을 후손인 임금이 들면서 조상이 주시는 복을 받는다는 의미에서 행하는 절차입니다.

음복례를 한 후 제기인 변(籩)과 두(豆) 각각 1개씩을 조금 옆으로 옮기는 것으로 철변두(撤籩豆)를 행합니다. 제사가 끝났으니 제례를 위해 준비한 음식을 치운다는 의미를 나타내는 의식입니다. 이때 등가(登歌)에서는 옹안지악(雍安之樂)이 연주되고 일무는 추지 않습니다.

음복례는 신이 베푸는 복을 받는 의식이다. (전주이씨대동종약원 소장)

## 송신례

철변두를 마치면 제례의 마지막 절차로 신을 보내는 의식인 송신례(送神禮)를 행합니다. 흥안지악(興安之樂)의 연주와 함께 마지막 절(국궁사배)을 올리고 마지막 의식으로 정전의 월대 뒤편에 있는 료대(燎臺)에서 축(祝)과 폐(幣)를 태우는 망료례(望燎禮)를 합니다. 축과 폐를 태우면 타오르는 연기와 함께 하늘로 돌아가는 조상들의 혼(魂)을 아헌관이 망료위(望燎位)에서 바라보는 의식으로 제례는 모두 끝나게 됩니다(현재는 초헌관이 망료례를 행한다).

마지막 절을 올리며 송신례를 행한다.

료대에서 축과 폐를 태우는 망료례

종묘제례의 모든 절차는 당상(堂上)에 있는 집례(執禮)의 창홀(唱笏)에 의해 제관들의 들고남, 음악과 일무의 시작과 그침 등의 절차가 엄숙하고도 지극한 정성으로 진행됩니다. 최고의 격식과 정성으로 대접 받은 조상들의 혼백(魂魄)은 이제 하늘과 땅으로 돌아가 이 나라의 안녕과 번영을 보살펴주게 될 것입니다.

망료기(望燎器)와 망료저(望燎箸)
축과 폐를 태울 때 사용한다.

황사손이 망료위에서 축과 폐를 태우는 장면을 바라보고 있다.

망료를 끝내고 돌아오는 제관들

# 8 종묘제례악, 음악과 춤으로 받들다

정전 서문에서 악공들이 들어오고 있습니다.

# 종묘제례악

종묘제례를 진행하는 동안 제사를 장엄하게 꾸미기 위해 기악과 노래 그리고 춤이 펼쳐지는데, 이를 종묘제례악(宗廟祭禮樂)이라 합니다. 종묘제례악은 세종 때 완성되었으며, 그 후 약간의 추가가 이루어졌을 뿐 큰 변화가 없습니다. 거의 500년 전의 기악과 노래와 춤이 전해져 오는 것입니다. 이렇듯 오래된 제례와 음악이 함께 전해오는 것은 세계적으로도 유례가 드문 일로, 종묘제례악은 2001년 유네스코 세계무형유산에 선정되었습니다.

공자가 일찍이 예(禮)의 완성은 악(樂)이라고 하였듯이, 종묘제례는 종묘제례악으로 완성된다고 할 수 있습니다. 제사 지낼 때 연주하는 기악(樂)과 노래(歌), 그리고 일무원들이 추는 무용(舞) 이 세 가지 형태가 종묘제례

정전 상월대와 하월대에 위치한 악대 (전주이씨대동종약원 소장)

500년 전의 기악과 노래와 춤이 이어져 온 종묘제례악

악을 구성하고 있습니다. 엄숙한 제례 절차에 따라 연주되는 종묘제례악은 경건하고 장엄한 곡(曲)으로서 그 음악성을 높이 평가 받고 있습니다. 세종대에 《국조오례의》 의례 및 이에 따른 제례악(祭禮樂) 등 예악(禮樂)을 정비했는데, 특히 보태평(保太平) 악과 정대업(定大業) 악은 세종께서 연향(宴享)에 쓰도록 친히 지은 것을, 세조 때 다시 다듬어 세조 10년(1464)에 처음으로 종묘제례악으로 채택된 이래 오늘날까지 전승되고 있습니다.

조선전기까지는 중국의 당악을 제례 음악으로 사용하였는데, 세종은 "우리 조상은 살아서는 향악(우리 음악)을 들으셨는데, 돌아가신 후에 당악(중국 음악)으로 제례를 올리니 뭔가 이치에 맞지 않는다"고 지적하였습니다. 세종은 예악(禮樂)의 정비가 통치에서 차지하는 중요성을 생각하고 중국식 예악을 우리의 음악에 맞게 재창조한 것입니다.

## 등가와 헌가

역대 제왕의 문덕(文德)을 찬양하는 보태평 11곡과 무공(武功)을 기리는 정대업 11곡의 악장(樂章)과 함께 어우러지는 종묘제례악은 아악기(牙樂器), 당악기(唐樂器), 향악기(鄕樂器)가 고루 편성되어, 상월대에 배치된 등가악대 37명(협율랑 1, 도창 6, 연주 30)과, 하월대에 배치된 헌가악대 72명(도창 6, 연주 66)에 의해 연주됩니다. 종묘제례악은 역사적, 예술적 가치는 물론 이거니와 한국 전통 음악의 경건하고 장엄한 특징을 아주 잘 나타내고 있습니다.

상월대의 등가 (전주이씨대동종약원 소장)

하월대의 헌가

종묘 제례 때 상·하 월대에는 2개의 악대가 편성되어 있는데, 정전 신실 앞 상월대에 자리한 등가(登歌)와 정전 하월대에 자리한 헌가(軒架)입니다. 그리고 각 악대는 월대의 가운데 신로를 기준으로 각각 동서 양쪽으로 나누어 자리를 잡습니다. 일반적으로 볼 때에는 상월대에 두 군데, 하월대에 두 군데로 악대가 네 곳에 설치되어 있습니다.

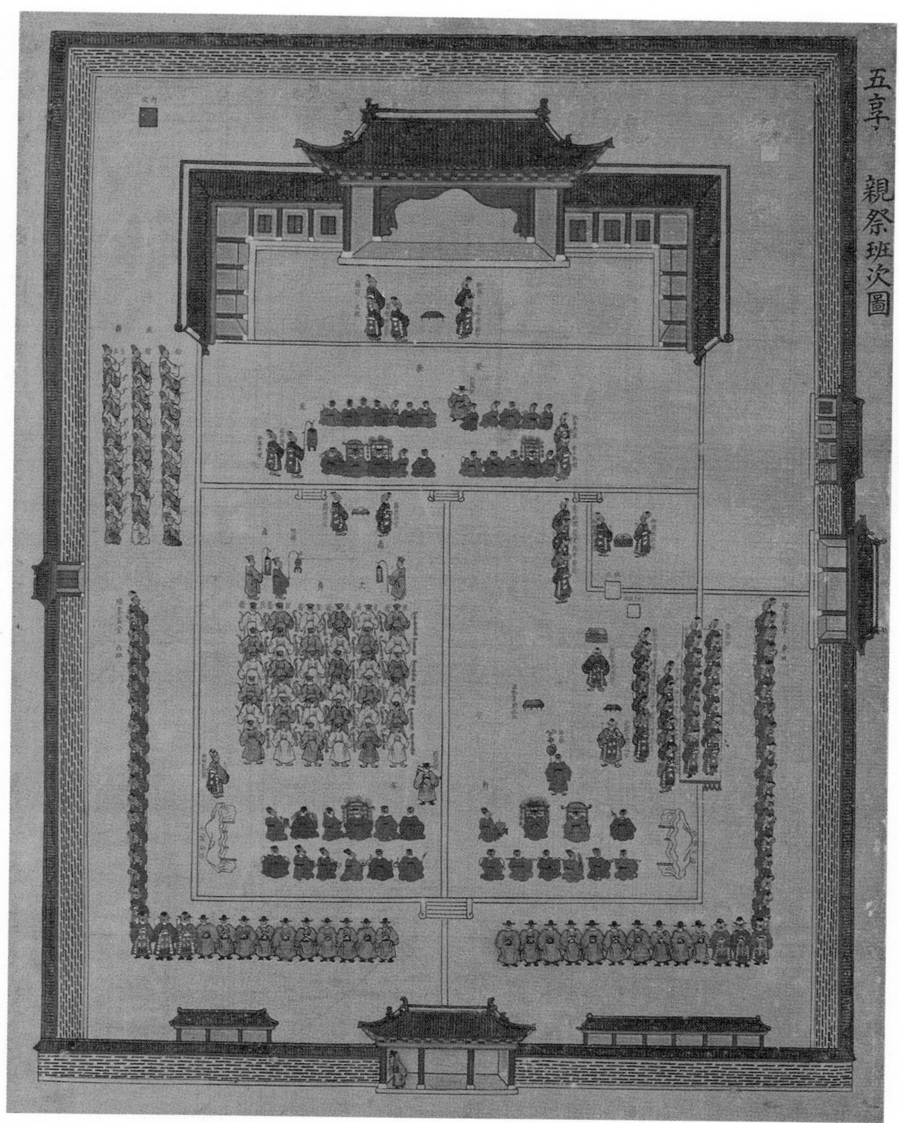


《종묘친제규제도설병풍》 제7폭 〈오향친제반차도〉 (국립고궁박물관 소장)
오향친제 때 제관, 악공, 문무 관료 및 종친의 배치를 그린 반차도

# 축과 어

어 (국립고궁박물관 소장)

종묘제례악은 등가와 헌가가 제례 절차에 따라 교대로 곡을 연주합니다. 양(陽)을 상징하는 등가는 음려(陰呂)의 음악을 연주하며, 음(陰)을 상징하는 헌가는 양률(陽律)의 음악을 연주하여 음양의 화합과 조화를 나타냅니다.

등가와 헌가에 배치된 악기들 또한 음양(陰陽) 도형(圖形)의 관념에 따르고 있습니다. 예를 들면 음악의 시작과 끝을 알리는데 쓰이는 축(柷)과 어(敔)는 나무로 만들어진 악기인데, 이 둘은 양과 음의 개념으로 놓입니다. 음악의 시작을 알리는 축은 양(陽)의 개념으로 청색(靑: 東)으로 칠해 동쪽에 놓고, 음악의 끝에 쓰이는

어는 음의 개념으로 서쪽에 배치한다.

축

호랑이 모양의 '어'는 음(陰)의 개념으로 흰색(白: 西)을 칠해 축의 반대 방향인 서쪽에 배치합니다. 이들 악기의 형태와 색, 그리고 음악 연주의 순서를 보면 모든 것이 4방위의 음양 조화의 개념과 일치하는 의도적인 배치 구성입니다.

축은 사다리꼴 모양의 나무 상자 위판에 구멍을 뚫어 그 구멍에 절구공이 같은 나무 방망이를 세워 둔 생소한 모양입니다. 음악의 시작을 알릴 때 상자 밑바닥을 방망이로 세 번 내려치는데, 이때 축을 치는 동작은 땅과 하늘을 열어 음악을 시작한다는 의미를 담고 있다고 합니다.

그리고 호랑이(어)를 잘 보면 등에 27개의 톱니 모양의 긴 지느러미 같은 것이 달려 있는데요, 이것이 바로 연주가 끝났을 때 사용하는 부분입니다. 9갈래로 쪼개진 대나무 채로 호랑이 머리를 세 번 '탁-탁-탁-' 치고 등위의 톱니를 '드르륵-드르륵-드르륵-' 세 번 문지르면, 음악이 끝났음을 알립니다. 축으로 음악을 시작해서 어로 끝내는 것은 동쪽에서 해가 떠서 서쪽으로 지는 것과 같은 의미로 해석합니다.

축은 양의 개념으로 동쪽에 배치한다.

## 박

박은 길이가 40센티미터 정도 되는 단단한 나뭇조각 6개의 상단을 가죽 끈으로 묶고, 매듭을 달아서 만든 악기로 부채 모양으로 생겼습니다. 묶지 않은 쪽을 양손으로 잡아서 부채 펼치듯 벌렸다가 순간적으로 접으면 '최악~'하고 크고 단아한 소리를 냅니다. 음악의 시작과 끝, 그리고 악의 한 장이 넘어갈 때마다 그 처음과 끝을 알릴 때 사용합니다. 전체적으로 음악이 시작할 때 한 번, 끝날 때는 세 번, 그리고 제례악 중간에 중요한 변화를 알릴 때 한 번, 끝날 때 세 번 칩니다.

녹색 의상의 집박이 박을 잡고 있다.

박을 치는 사람을 집박(執拍)이라고 하는데, 서양으로 따지자면 지휘자와 같은 역할을 하는 것입니다. 보통 음악의 내용과 진행을 잘 아는 원로 악사가 맡게 되며 음악 연주에서 실질적인 지휘와 감독의 임무를 수행하게 됩니다. 궁중음악 연주 시 박을 치는 집박의 의상은 녹색으로 일반 연주자의 붉은색 홍주의(紅紬衣)와 구별되며 무대 한쪽에 서서 박을 손에 들고 지휘를 담당합니다.

집박

박 (국립고궁박물관 소장)

# 편경

편경은 돌로 만든 타악기로 하나하나의 돌 판이 고정된 음높이를 지닌 선율 악기입니다.

고려 예종 11년(1116) 중국 송나라에서 들어와 궁중 음악에 사용되었는데, 세종 7년(1425) 때부터 국내에서 제작했습니다. 'ㄱ'자 모양으로 만든 16개의 경돌을 음높이의 순서대로 위·아래 두 단에 8개씩 매어 달았습니다. 같은 크기의 편경은 돌의 두께에 따라 음높이를 정하는데, 두꺼우

편경

면 소리가 높고, 얇으면 소리가 낮게 납니다. 연주할 때는 각퇴(角槌: 뿔 방망이)로 편경의 머리를 쳐서 연주합니다.

편경의 아래를 보면 흰색 기러기가 악기를 받치고 있고, 가장 위에는 봉황새의 머리가 장식되어 있습니다. 하늘 높이 나는 기러기처럼 편경의 맑고 청아한 소리가 멀리 천상에까지 들리기를 바라는 마음과 편경소리가 울려 퍼져서 천하가 태평해지기를 간절히 바라는 의미로 봉황을 장식했다고 합니다. 이 장식의 의미 그대로 편경이 내는 소리는 아주 맑고 청아해서 듣고 있노라면 마치 마음 한구석에 맑은 샘이 솟는 것처럼 '팅~' 하고 울릴 지경입니다.

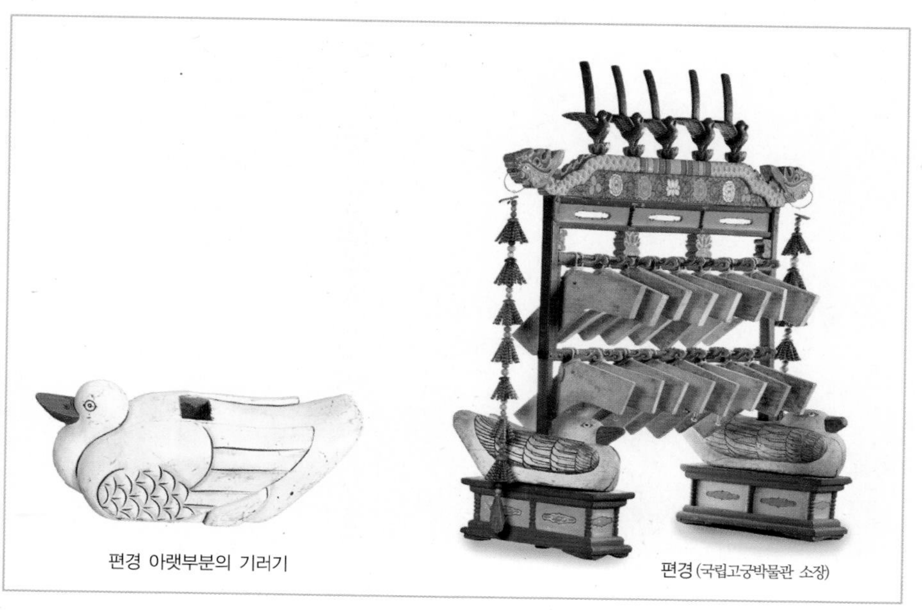

편경 아랫부분의 기러기

편경 (국립고궁박물관 소장)

## 편종

편종도 편경처럼 고려 예종 때 중국 송나라에서 들어와 궁중음악에 사용되었습니다. 조선시대에 이르자 세종 때 주종소(鑄鐘所)에서 새 종을 만들어 아악에 사용하도록 하였습니다. 송나라의 종은 크기에 따라 다른 음계를 내도록 만들었으나 우리나라에서는 박연이 크기는 같고 종의 두께 차이로 음계를 달리하도록 제작하였습니다. 약 30센티미터 높이의 똑같

편종

은 크기의 종 16개를 2단으로 나누어 매달고 뿔 망치로 종 아랫면에 있는 동전 같이 생긴 둥근 부위를 치면 종의 두께에 따라 음의 높낮이가 다르게 연주되는 악기입니다. 크기가 각기 다른 송나라 편종보다 일률적으로 같은 크기의 종이 각각 다른 소리를 만들어내는 박연의 편종이 훨씬 더 수준 높고 근사하다는 생각을 하게 됩니다.

편종을 보면 아랫부분에는 사자가 악기를 떠받들고 있고 윗부분에는 용머리가 장식되어 있습니다. 기러기와 봉황이 장식된 편경은 높고 맑은 음을 내고, 사자와 용으로 장식되어 있는 편종은 크고 우렁찬 소리를 냅니다.

편종 아랫부분의 사자

편종 (국립고궁박물관 소장)

# 일무

종묘제례에서 추는 춤 일무(佾舞)의 기원은 세조 때 종묘에서 사용하기 시작한 데서 비롯되며, 본래 36명(6열 6행)의 무원(舞員)들이 열을 지어 육일무(六佾舞)를 추었는데, 고종이 황제위에 오른 이후부터는 64명(8열 8행)이 추는 팔일무(八佾舞)를 춥니다.

약(피리)과 적을 들고 추는 문무

문무(文舞)를 추는 무인(舞人)은 왼손에 세 개의 구멍이 뚫린 관악기 같은 약을, 오른손엔 꿩 깃털로 긴 막대를 장식한 적(翟)을 들고 영신례 · 전폐례 · 초헌례 때 보태평 곡에 맞추어 보태평(保太平) 춤을 춥니다.

무인(武人)적 움직임을 표현하고 있는 무무(武舞)를 추는 무인은 원래 처음 두 줄은 나무칼, 다음 두 줄은 나무 창, 마지막 두 줄은 활과 화살을 들고 춤을 추었으며, 각종 깃발 등 의물(儀物)을 든 의장대(儀仗隊)가 일무원의 춤과 박자에 맞추어 발을 '쿵쿵~' 구름으로써 그 장엄함을 더하였다고 합니다. 그러나 현재는 의물을 든 의장대는 배열하지 않고 앞의 4줄은 나무로 만든 칼을, 뒤의 4줄은 나무로 만든 창을 들고 아헌례와 종헌례 때

창을 들고 추는 무무

정대업(定大業) 곡에 맞추어 정대업 춤을 춥니다. 문무는 피리와 공경 · 사양 · 겸양의 문덕을 나타내며, 무무는 공격과 방어의 무덕을 표현합니다.

이렇게 종묘제례는 의례(儀禮)와 악(樂: 기악), 가(歌: 노래), 무(舞: 춤)가 함께 어우러지는 최상의 무대를 펼칩니다. 그것을 보는 사람도 기뻐하고, 받아들이는 조상신도 기뻐하고, 나아가 하늘까지 감동을 받을 수 있도록 조상께 효와 예를 다함으로써 국가의 안녕과 태평성대를 기원하던 최고의 유교 행사였습니다.

❖ 제례악과 일무

- **순안악**(順安樂): 아부악장(雅部樂章)의 하나로서 신을 맞이할 때 연주하는 풍악. 임종궁(林鐘宮) 등 4궁(宮)을 연주함
- **숙안악**(肅安樂): 아부악장(雅部樂章)의 하나로서 폐백을 드릴 때 연주하는 풍악. 응종궁(應鐘宮)을 연주함
- **옹안악**(雍安樂): 아부악장(雅部樂章)의 하나로서 진찬(進饌) 곧 제물을 차려 올릴 때 연주하는 풍악. 태족궁(太簇宮)을 연주함
- **열문무**(烈文舞): 영신(迎神) 또는 강신(降神)한 뒤에 추는 춤
- **소무무**(昭武舞): 속부악장(俗部樂章)의 소무악에 맞추어 추는 춤

일무원의 춤은 하늘을 감동시키는 최상의 무대를 만들어냅니다.

종묘제례를 참관하다 보면 그 엄숙한 절차와 절제된 법도에 보는 사람마저 경건하게 만듭니다. 실은 제례의 내용을 모두 이해하고 보는 사람은 많지 않습니다. 모든 절차는 당상(堂上)에 있는 집례(執禮: 제향 때 상월대에서 의식을 집행하는 사람)의 창홀(唱笏: 홀기를 불러주는 것을 말하며, 대개 곡조를 넣어 부른다)에 의해 제관들이 들어가고 나아가고, 국궁사배를 올리고, 음악과 일무의 시작과 그침 등의 모든 절차가 엄숙하고도 경건하게 진행됩니다.

몇 시간씩 진행되는 제향을 보다 보면 온통 알아들을 수 없는 한자말 투성이에 악공들이 연주하는 제례악도 도대체 지루하기 이를 데 없습니

제례악을 연주하는 악공들

다. 월대 위에서 일무가 춤을 출 때는 그래도 군무의 화려한 동작에서 오는 변화가 있습니다. 그런데 일무 역시 보다 보면 매양 그 동작이 그 동작 같고 통 구분이 가지 않습니다. 집례가 "헌가작보태평지악보태평지무작(軒架作保太平至樂保太平之舞作)"이라고 하면, 하월대의 악공들이 보태평 곡을 연주하고 일무원들은 문무 보태평을 춥니다. 이 어려운 말을 풀이해 보면 하월대의 악대 헌가가 "보태평지악을 작하시오~" 즉 '보태평을 연주하라'는 말이고, 일무원은 문무 보태평 춤을 추라는 말입니다. 그래도 인내심이 있는 경우에는 "악지(樂止)~" 소리까지 들을 수 있는데, 이는 '제례악 연주를 마치라'는 말입니다.

휘(麾) (전주이씨대동종약원 소장)
종묘제례악 시작과 끝을 알려주는 깃발로, 시작을 알릴 때는 세우고 끝났을 때는 눕힌다.

제가 음악을 전공하지 않아서 그런지 제게는 그 음률이 그 음률로 들립니다. 이거 참 경건하고 장엄한 종묘제례에 와서 이렇게 아무것도 모르니 큰일입니다. 그래도 귀 기울여 흘러가는 대로 맡기고 보니 문득 그레고리오 성가(Gregorian chant)를 떠올리게 되었습니다. 어느 날 그레고리오 성가를 들으면서 역시 음악적 이론이나 악장에 대한 지식도 없고, 제게는 알 수 없는 라틴어 가사를 이해하지 못함에도 어느덧 장중한 울림의 무게감에 귀를 맡기고 나자 영혼이 위로받는 듯한 감동을 받았던 기억입니다. 그날 종묘 제례악이 제게 그렇게 들어왔습니다. 그리고 종묘제례를 시작하기 전 외대문 앞에서 받은 종묘대제 설명 책자 뒤 페이지의 제례악 악장 가사를 보니 그 장엄한 우리의 '성가(聖歌)'가 전율을 일으킬 만큼 천상의 음악으로 들려왔습니다. 너무 과장된 표현일 수도 있겠으나 저의 감동이 그랬다는 말입니다.

지금 이 시점에서 그 악장 가사를 살펴보면 우리가 아는 역사적인 이야기를 따라갈 수 있습니다. 조선왕조의 선조를 숭상하고 영웅으로 떠받드는 가사가 마치 국군 노래 중 빨간 마후라의 무용담이나 애국가를 듣는 것 같기도 합니다. 그러나 어느 누구도 우리나라 애국가 가사가 유치하다거나 국군 노래가사가 너무 과장되었다고 우습게 생각하지 않습니다. 마치 어떤 때 애국가 '동해물과 백두산이 마르고 닳도록'을 따라 부르다가 울컥해지는 경험처럼, 빨간마후라를 가슴 부풀려 우렁차게 부르다가 흥이 나는 것처럼 보태평이나 정대업지악의 감동을 느끼게 될 수도 있다는 이야기입니다. 그 웅혼한 가사와 함께 제례악이 연주되고 일무의 절도 있는 군무가 한데 어우러져서 만들어내는 장면을 보면서 화려한 오페라를 보는 것보다 더한 감동이 있습니다. 그래서 아마도 내가 한국인이라서 그런가 보다, 또 우리의 오랜 전통과 역사를 사랑하는 마음이라서 그런 감동이 느껴졌나 보다 하고 생각합니다.

종묘제례악 악장 중 하나를 읽어 볼까요. 보태평 중 '희문'입니다.

열성조께서 나라의 운을 여시니(列聖開熙運)
찬란한 문치가 창성하였도다(炳蔚文治昌)
거룩한 아름다움 기리기 위해(願言頌盛美)
노래를 부르나이다(維以矢歌章)

### 정대업 '선위(선조의 무공을 기린 노래)'입니다.

고려가 제대로 단속하지 못하여(咨麗失馭)
외적이 번갈아 모멸하였도다(外侮交熾)
섬 오랑캐 함부로 침탈하고(島夷縱噬)
나하추(納哈出)가 눈을 부릅뜨고(納寇恣睢)
홍건적이 기세를 떨치고(紅巾烏烋)
원의 잔당이 핍박하고(元餘爂扇)
요망한 중이 발호하고(孼僧跋扈)
호발도(胡拔都)가 날뛰었도다(胡魁陸梁)
아, 위대하신 태조께서(於皇聖祖)
신무를 크게 드날리어(神武誕揚)
하늘의 위엄을 펼치시니(載宣天威)
빛나고도 당당하도다(赫赫堂堂)

### 제향이 계속되다가 마지막 신을 보내드리는 송신으로 제례를 마칩니다.

정결한 제사 오직 법도대로 마치니(禋祀卒度)
신령께서 평안히 즐기셨으리(神康樂而)
떠나시고 얼마 안 되어(洋洋未幾)
문득 우리를 돌아보시고(回我倏而)
무지개 같은 깃발로(預旌髣髴)
구름 타고 아련히 멀어지시도다(雲馭邈而)

❖ 종묘제례와 종묘제례악

| 절차 | | 연주 | 위치 | 일무 | 특징 |
|---|---|---|---|---|---|
| 영신<br>조상의 혼백을 맞이함 | | 희문<br>(영신희문) | 헌가 | 문무 | 한곡을 아홉 번 반복 |
| 전폐<br>폐백을 올림 | | 희문<br>(전폐희문) | 등가 | 문무 | 곡의 속도가 매우 느림, 절차의 진행에 따라 반복 결정 |
| 진찬<br>제사 음식을 올림 | | 풍안지악 | 헌가 | - | 아악식 7음계의 곡 |
| 헌작 | 초헌<br>첫 번째 술잔을 올림 | 보태평지악 11곡 | 등가 | 문무 | - |
| | 아헌<br>두 번째 술잔을 올림 | 정대업지악 11곡 | 헌가 | 무무 | - |
| | 종헌<br>세 번째 술잔을 올림 | | 헌가 | 무무 | - |
| 음복<br>신이 드신 음식을 내려 받아 복을 받음 | | - | - | - | - |
| 철변두<br>제상을 물림 | | 옹안지악 | 등가 | - | 선율은 풍안지악과 같고 악장만 다르다 |
| 송신<br>조상의 혼을 보내는 예를 올림 | | 흥안지악 | 헌가 | - | 선율은 풍안지악과 같고 악장만 다르다 |
| 망료<br>축문과 폐백을 태워 제례를 마침 | | - | - | - | - |

❖ 제사의 종류와 시일

<table>
<tr><th colspan="2">제례</th><th>구분</th><th>시일(時日)</th></tr>
<tr><td rowspan="5">정시제<br>(定時祭)</td><td rowspan="3">대사</td><td rowspan="2">종묘 제향</td><td>사시대향(四時大享/춘하추동 4孟月 상순: 음력 1, 4, 7, 10월 상순)</td></tr>
<tr><td>납제(臘祭: 동지 뒤 세 번째 미일)</td></tr>
<tr><td>영녕전제향</td><td>춘추제향(춘추 맹월 상순: 음력 1,7월 상순)</td></tr>
<tr><td rowspan="2">소사</td><td>속절제(俗節祭)</td><td>정조(正朝), 한식, 단오, 추석, 동지, 납일(臘日)</td></tr>
<tr><td>삭망제(朔望祭)</td><td>음력 초하루와 보름</td></tr>
<tr><td colspan="2" rowspan="12">그 밖의 제사</td><td>천신제(薦新祭)</td><td>계절에 따라 새로 나는 햇곡식과 햇과일을 올리는 의식</td></tr>
<tr><td>이안제(移安祭)</td><td>신주를 옮기게 됨을 고하는 의식 (주로 묘를 보수하는 경우)</td></tr>
<tr><td>환안제(還安祭)</td><td>옮겼던 신주를 묘(廟)에 다시 모심을 고하는 의식</td></tr>
<tr><td>알묘제(謁廟祭)</td><td>왕세자, 왕후, 왕세자빈이 묘(廟)를 참배하는 의식</td></tr>
<tr><td>고유제(告由祭)</td><td>어떤 일이 발생했거나 또는 어떤 일을 해야 할 경우 사유를 고하는 의식</td></tr>
<tr><td>천금제(薦禽祭)</td><td>사냥이나 강무(講武)를 통해 잡은 짐승을 바치는 의식</td></tr>
<tr><td>기고제(祈告祭)</td><td>국가에 중대한 일이나 기원할 일이 있을 때 고하는 의식</td></tr>
<tr><td>위안제(慰安祭)</td><td>나라에 변고가 있을 때 위로하는 의식</td></tr>
<tr><td>기우제(祈雨祭)</td><td>가뭄에 비가 오기를 비는 의식</td></tr>
<tr><td>기설제(祈雪祭)</td><td>가뭄에 눈이 오기를 비는 의식</td></tr>
<tr><td>기청제(祈晴祭)</td><td>장마가 걷히기를 비는 의식</td></tr>
<tr><td>보사제(報祀祭)</td><td>기원에 대한 영험이 있을 때 보답하는 의식</td></tr>
</table>

# 사직대제

조선시대에는 국가의 흥망에 있어 매우 중요한 의미를 둔 사직단의 제사 역시 종묘제례만큼 큰 비중을 두고 봉행해왔습니다. 삼국시대부터 행해진 사직에 대한 제사는 고대 농경사회에서 자연에 감사하는 제례였습니다. 사직대제는 4세기 고구려에서 시작된 이래 통일신라를 거치면서 중국 예제(禮制)의 영향을 받아 정착되었습니다. 고려에서는 성종 10년(991) 이후 당대(唐代)의 의례를 본받아 시행했는데 제사의 규모는 대사(大祀)였

사직단에서 열리는 사직대제

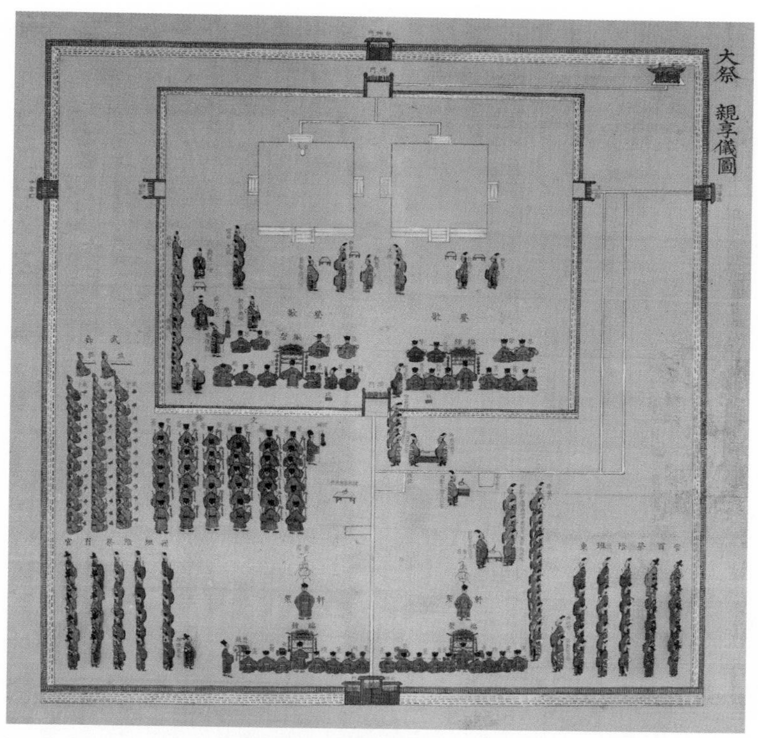


《사직단국왕친향도병풍》의 〈대제친향의도大祭親享儀圖〉 (국립고궁박물관 소장)
국왕이 직접 사직 제사를 주관하여 올리는 장면

고, 중춘 · 중추 · 납일에 지냈습니다. 조선시대에는 서울 뿐 아니라 각 지방에도 사직단을 세워 백성의 편안함과 풍년을 기원하고 나라의 안위를 위하여 제사를 지냈습니다. 조선시대 왕이 친행하는 사직대제는 바로 땅과 곡식의 신에게 드리는 국가적인 제사입니다.

제사를 지내는 절차나 격식은 초기 중국의 방식을 모방하는 단계에서 벗어나 우리 고유의 예를 갖추게 되었습니다. 오늘날 행해지는 제사의식은 소·돼지·양의 생고기를 비롯한 각종 곡식을 마련하고, 전폐·영신례·초헌례·아헌례·종헌례·음복례 및 망료례의 순서로 종묘제례의 봉행 절차와 크게 다르지 않습니다.

조선시대 사직 제사는 1년에 3번, 봄, 가을, 납일(臘日: 동지 뒤 3번째 미일)에 지내고, 그 밖에 가뭄·홍수 등 기후에 관한 기우제(祈雨祭)나 기청(祈請), 기설(祈雪) 제사도 사직에서 지냈습니다. 지방에는 하나의 단에 사신과 직신을 모시고 그 지역의 수령이 봄·가을 두 번 제사를 지냈습니다. 사직대제는 고종 31년(1894)에 이르러 신관제(新官制)로 바뀌었고, 1908년 일제의 강압으로 순종 황제는 사직대제를 축소하는 칙령을 내렸고, 1909년 제사가 철폐되었습니다. 1911년 사직서 건물과 사직단 일대의 부지가 조선총독부로 넘어가 달랑 단만 남겨놓고 공원 조성을 위해 대부분의 부속 건물들이 훼손되고 그 의미를 잃었습니다. 1988년 서울올림픽을 계기로 사직대제가 다시 부활했고, 최근에 사직단이 다시 복원되었지만 원래 사

사직단에 차려진 제상

북신문으로 들어오는 축함

직단의 영역 안에 종로도서관과 어린이도서관 등이 자리 잡은 상태여서 조선시대 사직단의 규모로 복원할 수는 없었습니다. 2012년 사직단의 관리가 서울시에서 문화재청으로 이관되어 현재 매년 9월 네 번째 토요일에 전주이씨대동종약원의 사직대제봉행위원회 주관으로 제례가 봉행되고 있습니다.

약과 적을 들고 추는 사직대제 때의 문무입니다.

도끼와 방패를 들고 추는 사직대제 때의 무무입니다.

# 9 순라길을 따라서 걷다

봄날 바람결에 떨어지는 꽃잎이 난분분 흐드러지는 하지의 풍경입니다.

# 외대문을 나오면서

종묘제례는 근엄한 제례의식에서부터 제관, 제수, 제기, 제복 및 제례악, 일무(佾舞), 악기에 이르기까지 당시의 유교적 제례의 전통을 보여주는 행사입니다. 종묘를 죽은 공간이 아닌 생동감 넘치는 역사의 현장으로 만들고, 600년 세월을 오늘에 재현하고 있습니다. 영녕전 제향을 오전에 봉행하고 나면 오후부터 저녁까지 진행되는 정전 제향은 점차 어스름해지는 분위기로 더욱 숙연해지는 느낌입니다. 무엇보다 오전 영녕전 제향에 발 디딜 틈도 없이 참여했던 많은 관람객이 빠져나간 뒤라 조금은 덜 수

외대문 안쪽의 봄

종묘 담장

선스러운 탓도 있습니다. 종묘제향이 끝나고 돌아가는 길, 한참 전 아침에 들어오면서 만났던 삼도(신도)를 옆에 두고 걷는 길이 더 깊어지는 느낌입니다. 그리고 오늘 하루 국가의 조상신과 함께 그 행복한 제향을 누렸다는 고마움이 있습니다. 우리의 전통문화가 현대에 재현되어 베풀어지는 이 시점이 참 소중하다는 생각을 합니다.

그러나 무엇보다 제가 사랑하는 종묘는 인적이 드문 아침결이나 저녁 어스름할 즈음 이 깊은 숲이 내뿜어내는 신령한 분위기를 오롯이 즐기는

데 있습니다. 당신께 여름날 이른 아침 적막에 둘러싸인 종묘 숲을 걸어 보실 것을 권합니다. 종묘에 들어서면서 처음 만났던 하지의 풍경은 이제 종묘를 나가려는 우리의 발걸음을 순간 멈추게 합니다. 봄날 바람결에 떨어지는 꽃잎이 난분분 흐드러지는 풍경이 저에게 종묘를 다시 돌아보게 합니다. 가을이면 푸른 소나무 숲 사이로 화려한 단풍이 눈부시고 겨울 눈 덮인 신도의 길고 아득한 거리는 숨을 멎게 합니다. 제가 뒤에 두고 걸어온 종묘 숲이 삼도와 함께 다시 아스라이 펼쳐져 있습니다. 종묘가 점점 제 마음에 스며들고 있습니다.

이제 외대문을 나와 담장을 따라 서순라길 골목을 걸어볼까요. 옛날 종묘와 창덕궁이 이어지는 길을 순라꾼이 야간 순찰을 돌던 길입니다. 지금은 창덕궁 가는 돈화문로 뒤편이 되어 각종 재료 상가들이 들어서 있는데, 그리 번잡한 길은 아닙니다. 걷다 보면 높은 종묘 담장 안의 우거진 나무 그늘이 마음을 차분하게 합니다.

종묘 바깥 담장의 초석으로 추정되는 장대석

종묘의 담장으로 이어지는 서순라길은 고즈넉합니다.

담장의 소방문이 보이는 종묘 바깥의 서순라길입니다.

## 부록_종묘 십경

오늘 당신의 여행은 어떤 그림으로 기억에 남을까요? 종묘는 여러 표정으로 당신께 기억되겠지요. 종묘 십경의 아름다움을 당신의 마음 속 화첩에 그려보십시오.

**종묘 십경**

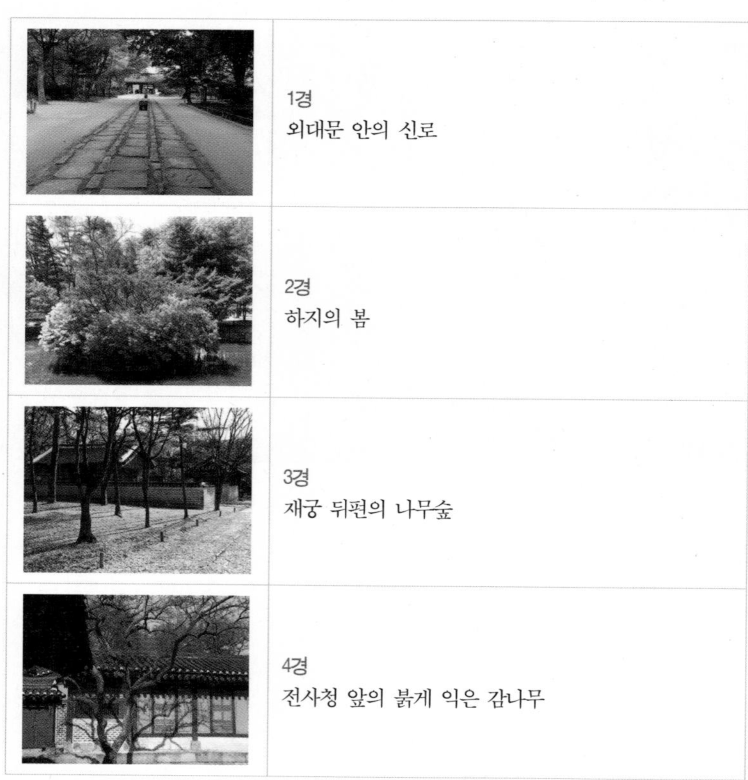

| | |
|---|---|
| | 1경<br>외대문 안의 신로 |
| | 2경<br>하지의 봄 |
| | 3경<br>재궁 뒤편의 나무숲 |
| | 4경<br>전사청 앞의 붉게 익은 감나무 |

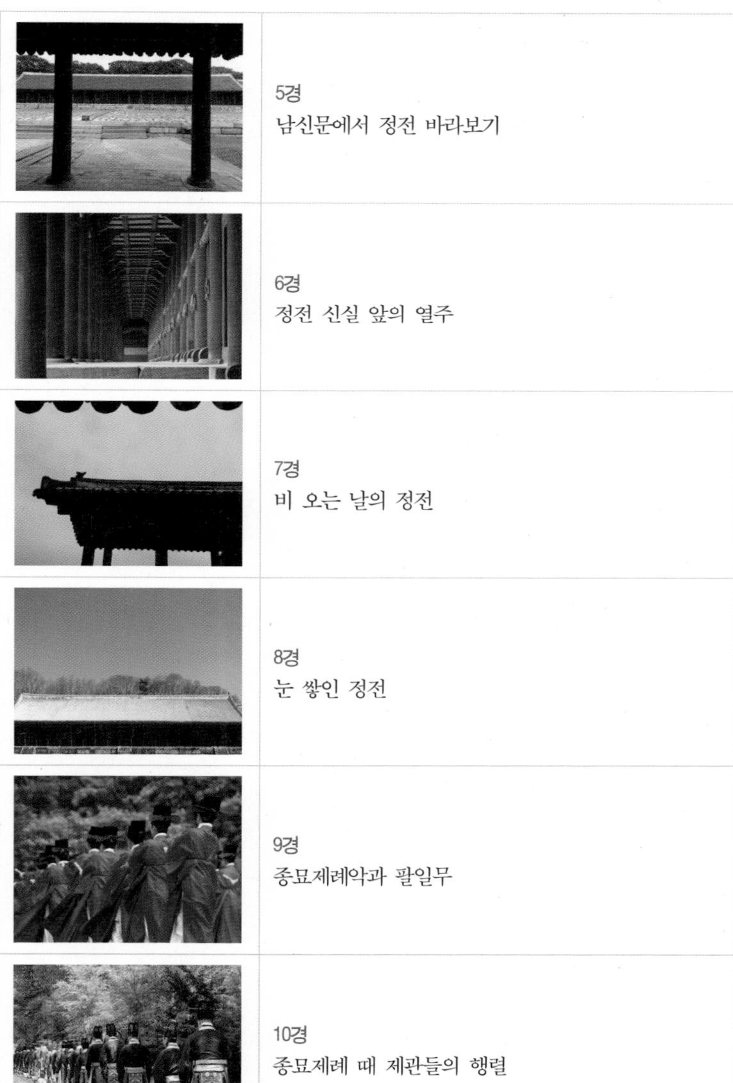

| | |
|---|---|
| | 5경<br>남신문에서 정전 바라보기 |
| | 6경<br>정전 신실 앞의 열주 |
| | 7경<br>비 오는 날의 정전 |
| | 8경<br>눈 쌓인 정전 |
| | 9경<br>종묘제례악과 팔일무 |
| | 10경<br>종묘제례 때 제관들의 행렬 |

# 부록_조선왕조 가계도

**1대 태조** : 신의왕후 한씨
- 방우
- **2대 정종**
- 방의
- 방간
- **3대 태종** : 원경왕후 민씨
  - 양녕대군
  - 효령대군
  - **4대 세종** : 소헌왕후 심씨
    - **5대 문종** : 현덕왕후 권씨 ── **6대 단종**
    - **7대 세조** : 정희왕후 윤씨
      - 의경세자(덕종) : 소혜왕후 한씨
        - **9대 성종** : 폐비 윤씨 ── **10대 연산군**
        - : 정현왕후 윤씨
          - **11대 중종** : 장경왕후 윤씨 ── **12대 인종**
          - : 문정왕후 윤씨 ── **13대 명종**
          - : 경빈 박씨 ── 복성군
          - : 희빈 홍씨 ── 금원군, 봉성군
          - : 창빈 안씨 ── 영양군, 덕흥대원군
            - 덕흥대원군 ── **14대 선조**
      - **8대 예종**
    - 안평대군
    - 임영대군
    - 광평대군
    - 금성대군
    - 평원대군
    - 영응대군
  - 성녕대군
- 방연

**14대 선조** : 의인왕후 박씨
: 인목왕후 김씨 — 영창대군
: 공빈 김씨 — 임해군, **15대 광해군**
: 인빈 김씨 — 의안군, 신성군, 정원군, 의창군

정원군 — **16대 인조** : 인열왕후 한씨
— 소현세자, **17대 효종**, 인평대군, 용성대군

**17대 효종** : 인선왕후 장씨
— **18대 현종** : 명성왕후 김씨
— **19대 숙종** : 인경왕후 김씨
: 인현왕후 민씨
: 인원왕후 김씨
: 희빈 장씨 — **20대 경종**
: 숙빈 최씨 — **21대 영조**

**21대 영조** : 정성왕후 서씨
: 정순왕후 김씨
: 정빈 이씨 — 효장세자(진종)
: 영빈 이씨 — 사도세자 : 혜빈 홍씨 — **22대 정조** : 효의왕후 김씨
: 의빈 성씨 — 문효세자
: 수빈 박씨 — **23대 순조** : 순원왕후 김씨
— 효명세자(익종) : 신정왕후 조씨 — **24대 헌종**

(사도세자) : 숙빈 임씨 — 은언군 — 전계대원군 — **25대 철종**
— 은신군 — 남연군 — 흥선대원군 : 여흥부대부인 민씨 — **26대 고종**
: 경빈 박씨 — 은전군

**26대 고종** : 명성황후 민씨 — **27대 순종** : 순명효황후 민씨
: 순정효황후 윤씨
: 귀인 엄씨 — 영친왕
: 귀인 이씨 — 완친왕
: 귀인 장씨 — 의친왕
: 귀인 정씨 — 우
: 귀인 양씨 — 덕혜옹주

# 부록_종묘 연표

| | | |
|---|---|---|
| 1394년 | 태조 3년 | 종묘 기공 |
| 1395년 | 태조 4년 | 9월 29일 정전 7실 영건<br>윤9월28일 추존 4대(목조, 익조, 도조, 환조)의 신주를 새 종묘에 봉안 |
| 1398년 | 태조 7년 | 2월 종묘 남쪽에 가산(假山) 조성 |
| 1406년 | 태종 6년 | 2월 재궁 건립 |
| 1421년 | 세종 3년 | 정종(定宗)을 부묘할 때 태실(太室) 부족으로 송조 4조전 전례(宋朝四祖殿 前例)에 따라 동년 10월 태묘 서측에 영녕전(永寧殿) 4실을 건립[12월 16일 목조를 영녕전 정전 제1실로 체천(遞遷)] |
| 1546년 | 명종 원년 | 정전 4실 증축 |
| 1592년 | 선조 25년 | 5월 3일 임진왜란으로 정전・영녕전이 모두 병화(兵火)로 소실 |
| 1608년 | 광해 즉위년 | 5월 30일 정전 중건(重建) 정전 11실이 됨.<br>영녕전 10칸 규모로 다시 세움 |
| 1726년 | 영조 2년 | 정전(正殿) 4실 증수(增修) |
| 1836년 | 헌종 2년 | 정전(正殿) 4실 증수(增修) |
| 1928년 | | 정전(태조에서 순종까지 19실 48위)<br>영녕전(목조에서 장조까지 15실 32위)<br>공신당(功臣堂): 태조부터 순종까지 83위의 공신배향(功臣配享) |
| 1931년 | | 육교 가설 |

| 1945년 | | 종묘대제(宗廟大祭) 폐지 |
|---|---|---|
| 1961년 | | 일반 공개 |
| 1963년 | | 1월 18일 종묘 사적 125호 지정 |
| 1964년 | | 12월 7일 종묘제례악 중요무형문화재 1호로 지정 |
| 1969년 | | 순정효황후를 부묘하여 정전 신주가 49위가 됨.<br>종묘대제봉행 재개-10월 1일 1회 대제 봉행(국가) |
| 1970년 | | 영친왕(英親王) 승하(昇遐) |
| 1971년 | | 전주이씨대동종약원에서 매년 5월초 일요일에<br>종묘대제를 봉행키로 결정함 |
| 1973년 | | 영녕전 16실에 의민황태자(영왕) 부묘 총33위가 됨 |
| 1975년 | | 5월 3일 종묘제례 중요무형문화재 56호로 지정 |
| 1985년 | | 4월 15일 정전 · 영녕전 일반 공개 |
| 1991년 | | 영녕전 16실에 의민황태자비(이방자) 부묘<br>총34위가 됨 |
| 1995년 | | 12월 9일 독일 베를린에서 열린 유네스코<br>세계유산위원회 제19차 정기총회에서 '서울문화 및<br>자연유산의 보호에 관한 협약'에 의거하여<br>유네스코에 세계문화유산으로 등록 |
| 1997년 | | 5월 2일 세계문화유산 표석 제막 |
| 2001년 | | 5월 18일 '종묘제례 및 종묘제례악'이 유네스코<br>'인류구전 및 무형유산걸작'으로 선정 |

# 참고문헌

## 단행본

국립문화재연구소, 《국조상례보편》, 민속원, 2008
국립문화재연구소, 《사직대제》, 민속원, 2008
국립문화재연구소, 《종묘제례》, 민속원, 2008
국립문화재연구소, 《종묘제례악》, 민속원, 2008
《국조오례의 1~5》, 법제처, 1985
《궁궐지 1: 경복궁, 창덕궁》, 서울학연구소, 1994
《궁궐지 2: 창경궁, 경희궁, 도성지》, 서울학연구소, 1994
《궁궐지》, 서울특별시사편찬위원회, 제2판, 2000
금장태, 《유교의 사상과 의례》, 예문서원, 2000
김동욱, 《종묘와 사직》, 대원사, 1990
김동현,《서울의 궁궐건축》, 시공사, 2002
김문식 · 신병주, 《조선왕실 기록문화의 꽃, 의궤》, 돌베개, 2005
김영상, 《서울 육백년》, 한국일보사, 1990
김왕직, 《알기 쉬운 한국건축용어사전》, 동녘, 2007
문화재청, 《조선의 궁궐과 종묘》, 눌와, 2010
문화재청, 《한국의 세계유산》, 눌와, 2007
《서울의 문화재》, 서울특별시사편찬위원회, 2003
《서울육백년사, 문화사적편》, 서울특별시, 1987
《세계문화유산 종묘》, 종로문화원, 2010
송재용, 《한국 의례의 연구》, 제이앤씨, 2007
신명호, 《조선의 왕》, 가람기획, 1998
신명호, 《조선왕실의 의례와 생활: 궁중문화》, 돌베개, 2002
《신선원전》, 국립문화재연구소, 2010
유본예, 권태익 역,《한경지략》, 탐구당, 1975
윤홍로, 《종묘》, 문화재청 종묘관리소, 2008
이성무, 《조선시대 당쟁사1》, 동방미디어, 2000

이순우, 《테라우치 총독, 조선의 꽃이 되다》, 하늘재, 2004
이욱, 《조선시대 재난과 국가의례》, 창비, 2009
이태진, 《국왕 의례 정치》, 태학사, 2009
《일본궁내청 소장 창덕궁 사진첩》, 문화재청 창덕궁관리소, 2006
《종묘》, 국립고궁박물관, 2014
《종묘대제》, 문화재단, 한국문화재보호재단, 2010
《종묘추향대제》, 문화재청, 2015
장사훈, 《우리 옛악기》, 대원사, 2002
정재훈, 《조선의 국왕과 의례》, 지식산업사, 2010
주남철, 《한국건축미》, 일지사, 1983
《창덕궁, 종묘 원유조사》, 문화재청, 2002
《천년의 이야기》, 문화재청관리소, 2008
《특별강연 종묘》, 국립고궁박물관, 2014
홍순민, 《우리궁궐이야기》, 청년사, 1999
《후설》, 한국고전번역원, 2013

학위논문

정동련, 〈조선후기 창덕궁 구선원전 실내 구성에 관한 연구〉, 경기대학교대학원 건축학과 석사학위논문, 2012

인터넷

국사편찬위원회, http://www.history.go.kr/
서울대학교 규장각 한국학연구원, http://e-kyujanggak.snu.ac.kr/
조선왕조실록, http://sillok.history.go.kr/
승정원일기, http://sjw.history.go.kr/
위키백과, http://ko.wikipedia.org/
한국 브리태니커 온라인, http:// preview.britannica.co.kr/
한국고전번역원(전 민족문화추진회), http://www.minchu.or.kr/itkc/Index.jsp
《고전문집》별집 제1권 사전전고 종묘 영녕전 연려실기술
《선원계보》
《연려실기술》